शब्दों का रास

लक्ष्मीधर मालवीय

आदित्य प्रकाशन
नई दिल्ली

श्री ओम थानवी जी को
नदी-नाव संयोग
क्योतो टावर होटल में
जिनसे मिला था

शब्दों का रास

परिवर्धित संस्करण २०१४
ISBN : 978-81-7742-138-5

आवरण : डेढ़ हज़ार बरस पुराने समाधि स्तंभ पर
नागरी अक्षर, कोया पर्वत, जापान

प्रकाशक
आदित्य प्रकाशन,
२ /१८, अंसारी रोड,
नई दिल्ली - ११०००२

मुद्रक
D. K. Fine Arts Press Pvt. Ltd.,
New Delhi-110052

मूल्य
४९५ रु०

SHABDON KAA RAASA
(Essays on the dismal blight of Hindi language)
Lakshmidhar Malaviya
Price : Rs. 495

क्रम

शब्दों का रास

भूमिका

रहस् है यह, शब्दों का रास! अलीगढ़ मेरठ के इर्द गिर्द छोटे से इलाके को छोड़, खड़ी बोली हिंदी किसी भी भारतवासी की मातृभाषा नहीं है फिर भी हिंदी ऐसी जादुई भाषा है जो किसी भी दो भाषाभाषी का आपस में बोल-बोलार करा देगी! बलोच और बंगाली हो कि कन्नडिग और कश्मीरी, या कि ओडिया और दूर का सुरीनामी, हँसते हँसाते मिलाप करा देती है! अभी उस दिन नवाब मर्री की हिंदी सुनकर हिंदी की दूर तक पहुँच का पता चला!

सहज हिंदी का विकास सन् १८०० और सन् १९२० के बीच जिस तड़ित् गति से होता आ रहा था, उसे यदि कुंठित न किया गया होता तो हिंदी अपनी सभी बोलियों से करोड़ों शब्दों को ग्रहण करते हुए आज सारे संसार की सर्वाधिक समृद्ध सक्षम भाषा हुई होती! हिंदी एकमात्र ऐसी भाषा है जो, श्रुति पर आधारित होने से अपना व्याकरण शब्दों के साथ सिखाती चलती है! मगर हिंदी की प्रगतिमान धारा किसने, कैसे और क्यों रुद्ध कर दी, इसकी जाँच परख अब तक एक बार भी न की गई!

भाषा यदि स्वच्छ रहती है तो वह प्रयोक्ताओं को सोच विचार कर मन में निश्चय करने और उसे व्यवहार में बदलने का साधन बनती है - आहार न मिलने से पेट में हो रही जलन को खेत की जुताई, बुवाई, निराई-सोहाई और कटाई से लेकर अन्न की रोटी पकाकर उसका निवाला मुँह में ले जाने तक - 'भूख' शब्द से जोड़ती है! इसके विपरीत भाषा का अंधापन या गूँगापन देह पर चीथड़े डालता

है, भीख मँगाता है, "साहेब, बचाय लेएया हमें, भू ख न मरत हैं!"

लुटेरे भाषा की कुंजी से खोलते रहे हैं, दूसरों के बंद कपाट! महमूद गज़नवी को थमाई थी, अलबरूनी ने **अलहिंद** नामक कुंजी। सितंबर सन् १६६९ में विश्वनाथ मंदिर के साथ-साथ सैकड़ों पाठशालाएँ भी औरंगज़ेब के हुक्म से ज़मींदोज़ की गई थी - इसके कुछ ही आगे-पीछे मिर्ज़ा ख़ान की **तुहफ़हे अलहिंद** में यहाँ का कच्चा चिट्ठा मिलता है!

ईस्ट इंडिया कंपनी ने फ़ोर्ट विलियम कालेज में गढ़वाई थी कुंजी - नागरी की अधूरी वर्णमाल में शोध-सुधार कर, चार्ल्स विल्किंस से नागरी और बँगला के टाइप अक्षर ढलवा, जॉन गिलक्रिस्ट की **हिंदी स्टोरी टेलर** (१८०२) की शक्ल में!

ख़बरदार, लुटेरे फिर चोर पैर घुसे आ रहे हैं! कितने-कितने लाख शहरों, कस्बों और गाँवों से पंसारी, बिसाती, सब्ज़ी फ़रोश, मिठाई नमकीन की दूकानें उजाड़ कर वहाँ वालमार्ट के जगमग स्टोर खोलने को! गूगुल को हिंदी से प्रेम अकारण नहीं उपजा! इस बार **हिंदी स्टोरी टेलर** की जगह **इंग्लिश विंगलिश** पढ़ाई जाने को तैयार है! इन सब के पीछे से झाँकता हुआ टोपीदार चेहरा किसका है!

इधर चिराग़ गुल है, और पगड़ी गायब! सन् १९०० से पीछे का 'कालजयी' हिंदी साहित्य, सारा कि सारा इस हद तक गुम हो चुका है कि बचा खुचा हुआ अलमारी के अकेले एक दर को भी पूरा न भर पाएगा!

लक्ष्मीधर मालवीय
क्योतो : ३ फ़रवरी २०१४

क: शब्द:

जापान में मैं पिछले ४० - ४५ बरस से रह रहा हूँ। पूरे जापान ही में नहीं, यहाँ से लेकर मेरे भारत की सरहद तक, फिर भारत को लाँघने पर पच्छिम में पाकिस्तान, अफ़गानिस्तान तक सिर्फ़ एक बोली बोली जाती है - हिंदी! अभी कुछ दिन हुए, एक पश्तून ट्रक ड्राइवर की हिंदी सुनकर चित्त प्रसन्न हो गया!

भला क्या काम करती है, भाषा? कहते हैं कि इससे व्यक्ति एक-दूसरे से मन के भावों की अदला-बदली कर सकते हैं। चलिए मान लिया, लेकिन यह तो औसतन दस बार में सिर्फ़ एक बार होता है! और बकिया नौ बार क्या करती है भाषा? अब तक ध्यान देते हुए कभी न सोचा हो तो अब विचार करें। कभी-कभी बोलते-बोलते सिर झाँझर हो जाता है, गो आसपास और कोई वहाँ नहीं होता! तभी तो कहा गया है, "किसी से बातें करने का मन हो अगर, तो कुछ देर मुँह बंद किए रहो!" मतलब, आदमी तो मुँह बाँधे हुए भी मुसलसल बोलता जाता है - सुबह आँख खुलने से लेकर रात गाढ़ी नींद सो जाने तक! जी नहीं, गहरी नींद में भी! "देखौ-देखौ! बड़ा-सा ललमुहाँ बंदर इधर -" और यह बोलने के साथ नींद टूट जाती है! तो हम सपना तक नहीं देख सकते, बिना मुँहबंद बोले! कुछ तो नींद में बड़बड़ाते भी हैं! इतना ही भर नहीं है, अगर चाहें तो आजमाकर देख सकते हैं! अपने आगे घड़ी रख लें, फिर सेकेंड की सुई से नापें, कि कितने सेकेंड सोच सकते हैं, बिना बोले! ५ सेकेंड? कहाँ की बौरही बात! तीन सेकेंड भी नहीं!

"चाकू से बाएँ हाथ का अँगूठा फक्क से - और भल-भल खून -!"

देखें, अभी यह लिखते हुए मैं यह मुँह के अंदर बोलता जा रहा था, वैसे ही आप यह छपी हुई इबारत पढ़ते हुए यही बोल भी रहे हैं! जब कि आप और मैं एक-दूसरे से १० हज़ार किलोमीटर दूर हैं!

जो मैं कह रहा हूँ, वह बात तो और भी गहरी है!

भाषा पहचान भी कराती है, न केवल ज्ञानेंद्रियों से जानी जा सकने वाली वस्तु का, बल्कि अमूर्त विचार तक का! 'हाथ' शब्द यदि मेरे पास न हो तो मैं लिख कैसे सकता हूँ! 'रवि बाबू' 'ध्रुव' 'तिलांजलि' - ये तीन शब्द तीन ब्रह्मांड जितने विशाल हैं, पृथक्-पृथक्!

सूखे गले में काँटे की-सी चुभन, कहती है 'प्यास' 'पानी' या 'जोल' 'लिम्का' 'फालसे का-' 'मिज़ु' 'वाटर' 'सुइ' 'अगुआ' पूरा गिनाना असंभव है! लेकिन दो बरस का बच्चा हो, कि अधेड़ उम्र पागल - प्यास के मारे तड़पते हुए भी कुछ कहेगा न कुछ चाहेगा! खौलता हुआ पानी उसके सिर पर उड़ेल दें, फिर भी वह बिफरते हुए चीख़ेगा - पशु के समान!

भीतर-बाहर के जगत् से पहचान बनाने - संज्ञा - के लिए मनुष्य को कोई न कोई भाषा दरकार होती है! जीवित रहने के लिए, दिल की धड़कन को बनाए रखने के लिए जैसे साँस, वैसे ही जीने के लिए भाषा बोली न्यामत है - उसका एक-एक शब्द।

कहाँ के थे पतंजलि, कोई अता-पता नहीं इसका, पर उन्हें, पाणिनि और कात्यायन को 'मुनित्रय' कहा गया! मनुष्य के शरीर, मन और वाणी तीनों को शुद्ध करने वाला, एक सहस्र मस्तक धारण किए हुए शेषनाग का अवतार मना जाता है, पतंजलि को!

पातञ्जलमहाभाष्यचरकप्रतिसंस्कृतैः।

मनोवाक्कायदोषाणां हन्त्रेऽहिपतयेनमः॥

वैद्यक की संहिता, योगसूत्र और महाभाष्य देन हैं, पतंजलि की!

पतंजलि के महाभाष्य का आरंभ होता है, 'कः शब्दः' - 'क्या है शब्द?' से! बड़ी गहरी छानबीन करते हुए उन्होंने इसे समझाया है! फिर यह भी कि शब्द कहने से उसका अर्थ किस प्रकार खुलता है! यह है, शब्द की महिमा!

बक-बक करने के लिए नहीं हैं, शब्द! बुद्ध के पास कोई तलवार न हाथी-घोड़ों की फ़ौज, फिर भी कैसे ऊँचे-ऊँचे पर्वत और अनंत सागरों को पार करा दिया धर्म को! केवल शब्दों के बल! पिछले महायुद्ध के बीच इंग्लैंड के प्रधान मंत्री विंस्टन चर्चिल की वाग्मिता के विषय में कहा गया है कि उन्होंने भाषा को सैनिकों के समान भरती कर उन्हें भेजा मोर्चे पर! भारी अचरज होता है मुझे, जापान के पुराने मंदिरों के चारों ओर फैली १००० और १२०० साल पुरानी समाधियों पर शिला के पाँच खंड, तर-ऊपर रखे हुए - पंच तत्वों 'छिति जल पावक गगन समीरा' के प्रतीक! और उन पर उकेरे हुए पाँच अक्षर, देवनागरी लिपि में! कैसा अनोखा चमत्कार है यह कि अकेले एक ही शब्द को उसके मर्म तक जानकर यदि उसका सटीक प्रयोग किया जाए तो शब्द इस दुनिया ही की नहीं, परलोक की मनोकामनाओं को भी पूरा कर देगा -

एकः शब्दः सम्यक् ज्ञातः संप्रयुक्तः स्वर्गे लोके कामधुग् भवति - ऋग्वेद

*

पहचान - मनुष्य की

स्त्री हो कि पुरुष, वह कौन सी बात है, जो कि मनुष्य में मनुष्य होने का भरोसा पैदा करती है।

एक, दोनों हाथों में कोई न कोई ऐसा हुनर-धंधा, जिसके सहारे उसका अपना और उसके ऊपर आश्रित जनों का जीवन निर्वाह हो सकता है। और दूसरे, उसकी भाषा-बोली जिससे वह अपने को अपने चारों ओर की दुनिया के बीच में रखकर अपने भीतर और बाहर के संसार को तरतीब दे सकता है। यह बात हज़ार साल पहले भी सत्य थी और हज़ार बरस आगे भी सब पर लागू होगी, कि मसलन, यह कैसा समय है, कौन मेरा अपना है कौन पराया; आमद और ख़र्च कितना-कितना, मेरी हैसियत -

कः कालः कानि मित्रणि को देशः को व्ययाऽऽगमौ।
कश्चाहं का च मे शक्तिरिति चिन्त्यं मुहुर्मुहुः॥ - चाणक्य

गर्दन के अगल-बगल की दो मोटी नसों जैसी हैं ये दोनों बातें! अपने देश और कुछ और देशों के इतिहास पर थोड़ा भी ध्यान दें तो साफ़ दिखलाई देगा कि परदेशियों ने जब भी दूसरे देश के अंदर घुसकर उसे अपने अधीन किया है तो उन्होंने सबसे पहले इन्हीं दो शहरगों पर चोट की है! वैसे ही जैसे शेर हो या बाज़, अपने शिकार को झपटकर उसकी गर्दन पहले तोड़ता है!

मुग़लों के समय बंगाल सूबे में अब का बिहार, उड़ीसा और पूरा बंगाल था। राजधानी मुर्शिदाबाद। इस नगर के बारे में कर्नल क्लाइव ने लिखा था, "यह शहर उतना ही विशाल और समृद्ध है जितना कि लंडन। वहाँ के बड़े-से बड़े अमीर के पास जितनी संपत्ति होगी, उतने धनी सेठ-साहूकार तो यहाँ गली-गली में हैं।" बंगाल के सूबेदार

अलीवर्दी ख़ाँ का ख़ज़ाना कूता गया था, ३ करोड़ पाउंड, सालाना आय २० लाख पाउंड!

इतनी भारी दौलत वहाँ जमा हुई थी, गाँव-गाँव की स्त्रियों के हाथों, जो ख़ाली समय में तकली और करघा चलाकर सूती कपड़ा तैयार करतीं! घटिया किस्म का कपड़ा वस्तुओं की अदला-बदली के लिए रखकर, उम्दा किस्म का कपड़ा बंगाल के बाहर, गुजरात और वहाँ से विदेशों तक में बिक्री के लिए सौदागरों के हाथ बेचा जाता - कपड़े के बदले लिया जाता, और कुछ नहीं, सिर्फ़ सोने और चाँदी के सिक्के!

पास में आर्थिक साधन इफ़रात से, कंपनी का दख़ल होने के समय पूरे बंगाल में ८० हज़ार पाठशालाएँ थी! पंचायत के सहारे ४०० की आबादी पर एक पाठशाला गाँव-गाँव में, जहाँ अक्षर ज्ञान और मामूली गणित सिखाई जाती! गुरू जी अकेले एक - क्योंकि पढ़ाया हुआ बड़ा लड़का अपने से छोटों को पढ़ाता। मुसलमान लड़कों को क़ुरान, और फ़ारसी, मौलवी साहब सिखाते। हुनर-धंधा बाप से।

अब तक तो ६०, ७५ या ९० कोस की दूरी पर बने चुंगी घर पर चुंगी अदा करनी होती थी - माल पर नहीं बल्कि छोटे या बड़े वाहन के हिसाब से। कंपनी का अमल हुआ तो नए क़ानून से चुंगी तै होने लगी माल पर, और गंतव्य सबसे दूर के ठिकाने के हिसाब से! इससे देखते-देखते बिक्री का क्षेत्र सिकुड़ता ही गया!

दूर के स्थानों की बिक्री अधिक मुनाफ़े की थी। वह व्यापार बंद हुआ, लोगों को जब अपने ही पेट के लाले पड़ गए, तो पाठशालाएँ मदरसे को सहारा भला कौन दे - एक-एक कर वे बंद होते गए!

इतने पर भी प्लासी में हार के ५० साल बाद, सन् १८१६ में १ करोड़ ६५ लाख ९४ हज़ार ३८० रुपए के सूती वस्त्र का निर्यात बंगाल से हुआ था – और इसके सिर्फ़ सोलह बरस बाद सन् १८३२ में केवल ८ लाख २२ हज़ार ८९१ रुपए का! इसकी तुलना में इंग्लैंड से बंगाल में आयात सन् १८१४ में सिर्फ़ ४५ हज़ार रुपए का - और महज़ १६ बरस बाद सन् १८३० में बढ़कर १५ करोड़ २४ लाख ३२ हज़ार १० रुपए का!

कंपनी की लूट खसोट का नतीजा था, सन् १७७० का अकाल! मि० हंटर की रिपोर्ट के मुताबिक मई महीने में २ लाख व्यक्ति मरे - जून में मुर्शिदाबाद की आधी आबादी भूखों मर गई - जुलाई ५०० आदमी हर दिन मर रहा था - पूरे सूबे में भूख से मरे १ करोड़ आदमी!

बूढ़े ग़रीब की झुर्रियोंदार गर्दन – उसकी एक शहरग काट दी गई थी!

२३ जून १७५७ को, मुर्शिदाबाद से ३६ किलोमीटर दूर पलाशबन और भगीरथी नदी के किनारे बंगाल के नवाब सिराजुद्दौला और क्लाइव की फ़ौजों का आमना-सामना हुआ। (अब तो वह पलाशबन पुराने नक्शों ही में देखा जा सकता है! पलाश का एक भी पेड़ बतौर निशानी न छोड़कर, सारा जंगल अँग्रेज़ों ने काट दिया!) नवाब को भला क्या पता, कि क्लाइव अमीचंद नामके खत्री व्यापारी के हाथों रिश्वत दिलवाकर नवाब के सेनापति मीर ज़ाफ़र को ख़रीद चुका है!

प्लासी की जीत के बाद क्लाइव ने २ करोड़ २० लाख रुपए का हरजाना वसूला - ७ सौ संदूक़ों में भरकर ख़ज़ाना मुर्शिदाबाद से कलकत्ता, फ़ोर्ट विलियम में पहुँचाया गया!

बच रही दूसरी शहरग, भाषा-बोली की - उसे भी काट देना था!

इसके लिए फ़ौज-फाँटे की तनिक भी ज़रूरत नहीं!

क्या याद कर बता सकता है कोई, कि "If there is no Fort William Collage, then there is no East India Company!" किसके शब्द हैं ये! कंपनी के गवर्नर जेनरल वेलेज़ली के! सन् १८०० में कालेज की स्थापना हुई। प्रधान बनाया गया, जान गिलक्रिस्ट को, जो इसके पहले उत्तर भारत की भाषाओं में महारत हासिल कर चुके थे।

मकसद था कंपनी के अँग्रेज़ कर्मचारियों को हिंदुस्तानी, उर्दू आदि स्थानीय बोलियाँ सिखलाना। कुल जमा चार साल सन् १८०४ तक गिलक्रिस्ट वहाँ रहे! मगर कंपनी की निगाह में तो कुछ और ही था!

अगले तीस बरसों में हालात बिलकुल बदल गए थे! कंपनी के कब्ज़े में इतना लंबा-चौड़ा राज आ गया था कि सिखाए-पढ़ाए हिंदुस्तानियों से काम लिए बिना रहा ही नहीं जा सकता था! सन् १८३० में बेंटिंक के गवर्नर जनरल बनते ही कंपनी की शिक्षा नीति ने एकदम पलटा खाया! सन् १८३५ में उसने देसी भाषाओं की बजाय अँग्रेज़ी को सबके ऊपर स्थान दे दिया।

भारत और उसके निवासियों की भाग्य रेखा खींच देने वाला एक व्यक्ति था, जिसे अँगरेज़ों की दृष्टि से देखें तो मनु का दूसरा अवतार! सन् १८३३ में कंपनी की कौंसिल में ला मेंबर के पद पर आया वह व्यक्ति था, टामस बेबिंगटन मेकाले। काम, कंपनी के राज में बसने वालों के लिए एकदम नए सिरे से क़ानून बनाना। सन् १८३५ में उसके लिखे हुए मसौदे के आधार पर आगे चलकर इंडियन पीनल कोड लागू हुआ - आज डेढ़ सौ साल बाद भी पाकिस्तान, बाँग्लादेश, श्री लंका आदि देशों में यही क़ानून लागू है!

अच्छे खाते-पीते घराने में पैदा हुआ, केंब्रिज मे पढ़ा, कई भाषाओं में निष्णात, फिर भी २०० पाउंड की सालाना आमद वाले व्यक्ति के लिए १० हज़ार पाउंड की ला मेंबरी कोई छोटी-मोटी बात न थी! अपनी छोटी बहिन हन्ना के नाम १७ अगस्त १८३३ के पत्र में उसने लिखा,

> It is a post of the highest dignity and consideration. The salary is ten thousand pounds a year. I am assured by persons who know Calcutta intimately, and who have themselves mixed in the highest circles and held the highest offices at that Presidency, that I may live in splendour there for five thousand a year, and may save the rest of the salary with the accruing interest. I may therefore hope to return to England at only thirty-nine, in the full vigour of life, with a fortune of thirty thousand pounds. A larger fortune I never desired.

कहना न होगा, उसने इसका नमक पाई-पाई अदा कर दिया! भारतीय शिक्षा पर सन् १८३५ में पेश की गई उसकी अमर 'मिनट' सदा गूँजती रहेगी!

> It is impossible for us, with our limited means, to attempt to educate the body of the people. We must at present do our best to form a class who may be interpreters between us and the millions whom we govern; a class of persons, Indian in blood and colour, but English in taste, in opinions, in morals, and in intellect. To that class we may leave it to refine the vernacular

> dialects of the country, to enrich those dialects with terms of science borrowed from the Western nomenclature, and to render them by degrees fit vehicles for conveying knowledge to the great mass of the population.

अँग्रेज़ आततायी रहा हो भले ही, एहसान फ़रामोश तो वह हो ही नहीं सकता! इलाहाबाद के खुफ़िया स्पेशल सुपरिंटेंडेंट नाट बावर को रिटायर होने के बरसों बाद सन् १९५३ में सर का खिताब अता किया गया था - क्यों? सुनना चाहेंगे? २७ फ़रवरी १९३१, अल्फ्रेड पार्क में चंद्र शेखर आज़ाद पर जानलेवा हमले का अगुआ था नट बावर - आज़ाद को पहली गोली लगी थी नट बावर की!

मेकाले तो देश रत्न था! जहाँ भी वह पैदा होता, वह राष्ट्र सदियों तक एक उसके नाम से मस्तक ऊँचा किए रहता! तभी तो इंग्लैंड ने अपने इस लाड़ले सपूत को सम्मान सहित सुलाया, वेस्टमिंस्टर के प्राचीन गिरजे के भीतर, वहीं जहाँ पिछले एक हज़ार बरसों से इंग्लैंड के सभी राजा-रानी की ताजपोशी होती आई है, और मरने पर वे जहाँ दफ़नाए जाते हैं!

अंत में एक यक्ष प्रश्न – यह किसका मूल धन है, जिसका ब्याज अब भी हम चुका रहे हैं फिर भी वह बढ़ता ही जाता है – और सुदूर भविष्य में भी, फूली-फफदी लोथ की भाँति, सिर्फ़ बढ़ता ही दिखलाई देता है!

*

पहचान का मनुष्य

पिछले लेख के अंत में प्रश्न करते हुए मैंने 'कभी न उतरने वाले

कर्ज़' पर क्षोभ प्रगट किया था। क्षोभ मुझे अपने ऊपर है, आप पर - आप सब पर है। क्योंकि दूसरे पर दोष थोप देना आसान है, अपने गिरेबाँ में झाँकने के लिए विवेक बुद्धि की स्वच्छता चाहिए। प्रश्न एक नहीं, कई थे। उन्हीं को पहले लें।

नाट बावर को सर का ख़िताब दिए जाने पर भौंह चढ़ाने से पहले पता यह लगाना चाहिए कि इलाहाबाद म्यूज़ियम में जो कोल्ट पिस्तौल आज़ाद की पिस्तौल के नाम से प्रदर्शित है, वह क्या सचमुच उनके शव के पास बरामद हुई थी। क्योंकि अनेक लिखित प्रमाणों के अनुसार आज़ाद माउजर पिस्तौल और साथ में गोली भरे हुए उसके क्लिप रखते थे। नट बावर की पहली गोली आज़ाद के दाएँ कंधे में लगने से यह हाथ बेकाम हो गया था – आज़ाद अंत तक बाएँ हाथ में पिस्तौल ले पुलिस की गोलियों का अचूक जवाब देते रहे! उनके शव के इसी बाएँ हाथ गोलियों के बाईस ख़ाली ख़ोल बरामद हुए थे। कोल्ट पिस्तौल में सिर्फ़ दस गोलियाँ आती हैं। शहादत के दूसरे दिन २८ फ़रवरी को कटरा के मकान की तलाशी में जो कोल्ट पिस्तौल मिला था, वह अगर नट बावर ने नहीं हथियाया तो वह कोल्ट कहाँ गया।

आज़ाद का माउजर तो कानपुर सी आइ डी के सब इंस्पेक्टर शंभूनाथ को, जिस पर आज़ाद को 'ज़िंदा या मुर्दा' पकड़ने की ज़िम्मेदारी सौंपी गई थी, बतौर तोहफ़ा दिया गया। उसने ही कानपुर के डी ए वी कालेज के कुछ लड़कों को पैसे से खरीदने में सफलता पाई थी और आज़ाद की खोज में कानपुर इलाहाबाद को एक किए हुए था!

दूसरे, आज़ाद के शव का फ़ोटो क्या पुलिस हेडक्वार्टर में पुलिस द्वारा उतारा गया है या कि वहीं कंपनी बाग में? क्योंकि फ़ोटो में

जो लोग पीछे खड़े दिखलाई देते हैं, वे तो कुर्ता धोती पहने लगते हैं! इलाहाबाद जानसेनगंज में पी एन वर्मा की फ़ोटो की दूकान थी – शायद अब भी हो। इसके मालिक प्रयाग नारायण जी मेरे पिता के पुराने मित्र थे। यह फ़ोटो वर्मा जी ने मुझे दिखाते हुए बताया था कि कंपनी बाग में किसी क्रांतिकारी के मारे जाने की ख़बर सारे शहर में जंगल की आग के समान फैल गई - वह आनन-फानन एक इक्के पर कैमरा लादकर वहाँ पहुँचे तब जनता की भीड़ से बचने के लिए पुलिस वहाँ से हट गई थी। वर्मा जी ने लोगों की मदद से फ़ोटो उतारा - और तुरत उस स्थान का परित्याग कर दिया।

पुलिस ने आज़ाद का शव चुपचाप रसूलाबाद में चिता पर चढ़ाकर चिता को आग छुआ दी थी। कि तार देकर बनारस से बुलाए गए शिवविनायक मिश्र, पुरुषोत्तमदास टंडन और पद्‌मकांत मालवीय ने पहुँचकर चिता ठंडी कराई - और विधि विधान पूरा करने के बाद शवदाह किया गया।

मिश्र जी आज़ाद के मुँहबोले फूफा थे। अस्थियाँ वह अपने साथ बनारस ले गए। पुलिस उनके पीछे पड़ गई। उनकी आय का साधन था, भारत जीवन प्रेस। वह बंद हो गया। पत्नी क्षय से मरी। अस्थि तब भी मिश्र जी से बरामद न कराई जा सकी। अस्थियाँ एक लोटे में भरकर उसे उन्होंने मकान की दीवार में चिन दिया था!

दिसंबर १९७७ में काकोरी की स्वर्ण जयंती के अवसर पर उत्तर प्रदेश के राज्यपाल श्री तपासे आज़ाद के अस्थि कलश का जलूस बनाकर राज्य संग्रहालय ले गए थे।

आज़ाद की वे अस्थियाँ अब कहाँ हैं? सरकार यदि उन्हें नहीं खोज

निकाल सकती तो सरकारी विज्ञप्ति से सब को यह सूचना दे देनी चाहिए कि आज़ाद की हड्डियाँ कूड़े के साथ फेंक दी गईं - उनके नाम रोना अब बंद करें!

साथ ही इलाहाबाद म्यूज़ियम के पोर्टिको के बगल में आज़ाद का जो पुतला खड़ा किया जाने को था, वह स्थान दरबान का होने से, आज़ाद को वहाँ खड़ा न किया जाए – अगर कर दिया गया है तो उसे उखड़वाकर अंदर टूटी-फूटी मूर्तियों के गोदाम में डलवा दिया जाए।

मैं फिर पूछना चाहता हूँ, क्या इसमें भी अँग्रेज़ी या अँग्रेज़ों का हाथ था??

मेकाले १० जून सन् १८३४ को मद्रास के बंदरगाह पर उतरे थे। ख्यात लेखक और राजनेता थे - उन्हें १५ तोपों की सलामी दागी गई थी। वहाँ से वह ४०० मील का सफ़र बहँगी पर सवार हो, सीधे नीलगिरि गए, जहाँ गवर्नर जनरल वेलेज़ली मैदान की गर्मी से बचकर छुट्टी मना रहा था।

मेकाले ने सदमे के साथ लिखा है कि उन्हें सबसे भारी अचरज इस बात पर था कि तमाम राजे-महराजों नवाबों ने अपना राज्य धन संपदा बिना चूँ चिपड़ किए छिन कैसे जाने दिया! कैसे सब-कि-सब अँग्रेज़ों के आगे भीगी बिल्ली बन कर रह गए!

दिसंबर १८३७ में वह स्वदेश लौट गए। कुल जमा साढ़े तीन साल वह भारत में रहे - अपने द्वारा संपन्न किए गए काम पर उन्हें उचित ही हार्दिक संतोष था।

मेकाले का नाम अधिकतर भारतीयों के लिए आज भी गाली का पर्याय बना हुआ है। सच्चाई यह है कि, औसतन, एक लाख शिक्षित

भारतीयों में से एक ने भी मेकाले की २ फ़रवरी १८३५ वाली मिनट पढ़ी नहीं है - अपनी आँख स्वयं खोलने के लिए पढ़ना चाहिए!

ब्रिटिश साम्राज्य के पोषक स्वदेशभक्त थे वह - उस साम्राज्य को पक्का-पोढ़ा करना उनके लिए सर्वथा उचित था! सारे भारत के हर मर्द-औरत बच्चे-बूढ़े को अँग्रेज़ीदाँ वह कहाँ बनाना चाहते थे! वह तो थोड़े से भारतीयों को अँग्रेज़ी भाषा के ज़रिए अँग्रेज़-जैसा बनाकर उनके हाथों देसी बोलियों को इस काबिल बनाना चाहते थे कि वे बोलियाँ विकसित ज्ञान-विज्ञान को आम लोगों तक पहुँचा सकें! यह तो हम आज दिन भी, स्वाधीन हुए आधी सदी से अधिक बीत गई, नहीं कर पाए हैं! उत्तर भारत की पूरी गाय पट्टी पर कई दशकों से दलित दलों की सरकारें सत्ता में हैं, फिर भी दलित जाति के हर बच्चे को वर्णमाला और एक से नौ तथा शून्य के अंक का ज्ञान क्यों नहीं कराया जा सका?

'भाषा' चाहे कोई भी हो, भारतीय के मुँह में आकर वह हथियार बन जाती है! तेज़ से तेज़तर हथियार! सबब, भाषा ग़रीब की भूख को रोटी से जोड़ती है! खजुराहो बाज़ार में १२ और १५ बरस के बच्चों को फर्राटा जापानी बोलते सुनकर मुझे तनिक भी ताज्जुब न हुआ - वे प्लास्टर पेरिस की मिथुन मूर्तियाँ जापानी टूरिस्टों के हाथ बेचते हैं!

सन् १८३५ में भारतीय भाषाओं पर अँग्रेज़ी को तरजीह दी गई - तब और १८८५ में महज़ ५० बरस का अंतर है! इतने ही में सारा देश अँगड़ाई लेकर उठ खड़ा हुआ! इसमें कितना भारी हिस्सा सामाजिक और भाषाई था और कितना थोड़ा - दाल में नमक बराबर

- राजनीतिक! इस समय के हिंदी-उर्दू अखबरों की लंबी सूची पर एक नज़र तो डालिए! अल्मोड़ा और चुनार जैसे गाँव से अखबार प्रकाशित होता था! इलाहाबाद से 'एक पैसा' अखबार, जिसके संपादक स्वयं उसकी फेरी लगाते - न पढ़ सकने वाले को बाँच कर सुनाते! हिंदी प्रकाशन के गढ़ थे, कलकत्ता और लाहौर! दयानंद सरस्वती की मातृभाषा गुजराती, उनके प्रवचन हिंदी में। लखनऊ के मुंशी नवल किशोर प्रेस से निकली पुस्तकों की संख्या ४००० थी! हिंदी, उर्दू, अरबी और फ़ारसी की! शब्दकोष, काव्य संग्रह, जिनके कई-कई संस्करण हुए! वहाँ की छपी पुस्तक 'सूरजपुर की कहानी' (सन् १८६२); 'पावस कवित्त संग्रह' (१८९३); २६९ पृष्ठों का छंदोबद्ध 'अमरकोश भाषा' (१९०५) मेरे पास जापान में है। कभी जिस लखनऊ जाकर कवि मीर ने पनाह ली थी, आज उस लखनऊ शहर भर में उर्दू केवल एक साइन बोर्ड पर दिखलाई देती है - नवलकिशोर प्रेस के!

हाँ, अँग्रेज़ी की बैसाखी के सहारे बोलियाँ क्यों न आगे बढ़ पाईं! सारी गाय पट्टी के प्रत्येक बच्चे बूढ़े को अक्षर ज्ञान क्यों न कराया जा सका?

भारी खोट अँग्रेज़ अँग्रेज़ी या मेकाले में नहीं, हमारे ही भीतर कहीं बहुत गहरे में है! इसे, आँखों के आगे होने पर भी, पहचान नहीं पा रहे! और धोबी को न पाकर गधे का कान ऐंठ रहे हैं! वह धोबी है कौन? और उसे धोने को दिया क्या गया था - रेशमी कुर्ता या कि टाट का परदा! दोनों की सही पहचान होनी चाहिए - नहीं तो गधा बेचारा बच रहा दूसरा कान भी खो बैठेगा!

*

कह्यो तो चतुरानन पै

एक ललित श्लोक अकस्मात् स्फुरित हो उठा, मेरे मन में! प्रासंगिक है, सुनें -

शशिनि खलु कलंकः कन्टकं पद्मनाले युवतिकुचनिपातः पक्वता केश जाले।
जलधि जलमपेयं पण्डिते निर्धनत्वम्, वयसि धनऽविवेको निर्विवेको विधाता॥

गोल सुंदर चंद्रमा में लगा काला धब्बा, कमल नाल में काँटे; युवती के ढलते हुए स्तन और बालों के बीच सफ़ेदी; इतने विशाल समुद्र का पानी खारा, पंडित के पास फूटी कौड़ी नहीं और जिसके पैसा बाढ़ा है उसमें तनिक भी विवेक नहीं! कैसी-कैसी चूक करते गए हे अविवेकी विधाता तुम!

चतुरानन ब्रह्मा जैसे चूक पर चूक करते गए, हमसे भी कुछ कम चूकें नहीं हुईं! साथ थोड़ा घूमने निकलेंगे?

प्लासी सुनकर औरों के मन में क्या आता है, मुझे पता नहीं, मेरे मन में तत्काल एक नाम आता है, अमीचंद का। क्लाइव ने उसके लाखों रुपयों की रिश्वत उसी के हाथों दिलाई, नवाब सिराजुद्दौला के सेनापति मीर ज़ाफ़र ही नहीं, नवाब के तमाम अमलों को। गुलाबी रंग के एक कागज़ पर लिखा हुआ क़रारनामा क्लाइव ने अमीचंद को दिया था, जिसकी १८ वीं शर्त थी कि मुर्शिदाबाद फ़तह होने पर उसके ख़ज़ाने का पाँचवाँ हिस्सा और ३० लाख रुपए नक़द अमीचंद को मिलेगा। कंपनी की जीत हुई, अमीचंद ने दावा पेश किया मगर क्लाइव साफ़ मुकर गया। कहा कि उसने तो सफ़ेद रंग के कागज़ पर

क़रारनामा लिखा था, और उसमें सिफ़ १३ शर्तें थीं! अमीचंद का तो कहीं नाम ही नहीं! सदमे से पागल होकर अमीचंद कलकत्ता की सड़कों पर नंग-धड़ंग चक्कर काटता, मर गया! कागज़ का रंग उसने ठीक से नहीं पहचाना था! छोटा बेटा फ़तहचंद वहाँ से भागकर बस गया था बनारस में। इसका खान्दान झक्कड़ शाह के नाम से प्रसिद्ध है। विख्यात दार्शनिक डॉ० भगवानदास और बैरिस्टर श्री श्रीप्रकाश इसी परिवार के हैं।

बनारस के भारतेंदु भवन में हरिश्चंद्र के कपड़े-लत्ते और कागज़-पत्र, उनकी लिखी-पढ़ी तमाम पुस्तकें सुरक्षित होंगी - क्या वहाँ गुलाबी कागज़ पर लिखी हुई वह जाली रसीद भी है? अमीचंद परबाबा था बाबू हरिश्चंद्र का! ("जो दौलत मेरे पुराखों को खा गई, उसे मैं खा डालूगा!")

उसी क्लाइव की कंपनी से संबंधित है, फ़ोर्ट विलियम कालेज की जादुई छड़ी जो आज दिन तक हमारे करोड़ों सिरों पर घूम रही है - हमें इसका मुतलक इल्म वो एहसास तक नहीं! पहले एहतियात करा तो चुका हूँ, "मैं कौन हूँ, कौन मेरा मित्र है और कौन शत्रु - इसकी फ़िक्र हरदम करनी चाहिए!"

वे तो करते है! सदा की भाँति वे भी हमें ठीक से पहचानने के लिए हमारी भाषा की कुंजी से दरवाज़ा खोलकर अंदर आते हैं! ऐसा एक हज़ार साल से होता आया है - और हमें इसका इल्म नहीं तो क्या! उनके मतलब की है हमारी भाषा, इससे वह उसकी कद्र करते है, उसे झाड़-पोंछ कर साफ़-सुथरी, अपने प्रयोजन की बनाए रखते हैं!

गूगुल कंपनी को हिंदी से अचानक इतना अनुराग क्यों हो गया कि

हिंदी आदि भारत की तमाम भाषाओं के अक्षर वह अपने प्रोग्राम में चढ़ाए हुए है, क्यों? क्योंकि अमरीकी खुफ़िया विभाग सी आइ ए उससे काम लेता है और मेहनताना करोड़ों डालरों में अदा करता है। इंटरनेट पर आप क्या देखते हैं, किसे ई-मेल भेजते हैं, उसमें क्या संदेश होता है, इसकी जानकारी उन्हें चाहिए, सो मिलती है! कल वालमार्ट को हिंदी के सहारे अपनी शाखाएँ चलानी हैं। परसों रेमांड डेविस को दिल्ली आकर हिंदी बोलनी है! अमरीकी स्टेट डिपार्टमेंट ने हिंदी को अपने कर्मचारियों के लिए उपयोगी माना है – कितनी ही अमरीकी युनिवर्सिटियों में हिंदी पढ़ाई जा रही है - पढ़ने वालों की तादात भी कोई कम नहीं! 'इंलिश विंग्लिश' आपकी बनाई फ़िल्म उनके क्लास में टेक्स्ट बुक की जगह चलेगी!

आइए थोड़ा और घूम लें!

मार्च १९३५ में कलकत्ता से प्रकाशित एक अँग्रेज़ी पुस्तक संयोग से मेरे हाथ लगी, 'अ ग्रामर ऑव ब्रजभाषा बाइ मिर्ज़ा ख़ान,' भूमिका लेखक डॉ० सुनीतिकुमार चटर्जी। उलट-पुलटकर देखते ही मैं मूल पुस्तक, 'तुहफ़हे अल् हिंद' पाने को बेचैन हो उठा। इसकी चार हस्तलिखित प्रतियाँ हैं, ब्रिटिश म्यूज़ियम लंडन में। वहाँ से मँगाईं। औरंगज़ेब के समय बनाई गई सात अध्यायों में ४३१ पत्रों की पोथी की विषय सूची यह है, "छंद - लय तुक - काव्यशास्त्र अलंकार शृगार रस - संगीत - कामशास्त्र - सामुद्रिक" और अंत में ३००० शब्दों का कोश!

शब्दकोश देखकर मेरी साँस ऊपर की ऊपर रह गई। फिर लज्जा से सिर झुक गया! सुनीति बाबू मरते-मरतान कहते रह गए, कि कोई तो इस ख़ज़ाने का अनुवाद कर दे! पर यह न हुआ! कोश की शब्द

सूची, नागरी और फ़ारसी लिपि में, मैंने उतार ली है! जामिया मिल्लिया या जे एन यू में हिंदी और फ़ारसी का जानकार क्या कोई है माई का लाल जो शब्दों का उच्चारण बीच में भरकर इसे पूरा कर दे!

जी हाँ, मुझे पता है, सन् १६६९ के अप्रैल में औरंगज़ेब के कानों में ख़बर पहुँची कि "बनारस के बेवकूफ़ ब्राह्मण बदमाशी भरे ज्ञान-विज्ञान अपनी पाठशालाओं में पढ़ाते हैं।" बादशाह के हुक्म से २ सितंबर को विश्वनाथ मंदिर तोड़ गिराया गया, तमाम पाठशालाएँ भी ढहा दी गईं।

इसी सबब तो मैं तुहफ़हे अल् हिंद के कोश का हिंदी में तर्जुमा करना कराना चाहता हूँ!

सन् १२९६ में अलाउद्दीन खिल्जी ने देवगिरि पर हमला कर वहाँ के यादव राजा को हराया और मुआवज़े में भारी मात्रा में सोना वसूलकर दिल्ली का सुल्तान बना! इसके बाद सारे उत्तर भारत को चीरते हुए बंगाल तक फ़तह करने में उसे भला कितने साल लगे होंगे! इसका उत्तर हमारा प्रसिद्ध शास्त्रकार कविराज विश्वनाथ इन पौरुष भरे शब्दों में देता है -

सन्धौ सर्वस्वहरणं विग्रहे प्राणनिग्रहः।
अल्लावदीननृपतौ न संधिर्न च विग्रहः॥

इसकी ओर अगर हाथ बढ़ाएँ दोस्ती का तो यह गहना गुरिया सब रखा लेता है, और अगर कहीं लड़ने को आमादा हों तो जान के लाले पड़ जाते हैं! यह कोई अनोखी या अजूबी बात थोड़े ही थी! उधर सारे खेतों में रबी की पकी फ़सल लहलहाती होती थी, कि ख़ैबर के दर्रे से टीडी दल से समान उतरता था, ग़ज़नी का सुल्तान - सन्

१००० से लेकर अगले २४ बरस, हर साल! यहाँ से वह सोना और हीरा-जवाहरात ही नहीं ढोकर ले जाता था - लाखों की संख्या में स्त्री-पुरुषों को भी बाँध ले जाता! बग़दाद और दमिश्क में ग़ुलामों के बिक्री बाज़ार में मंदी के सबब वे एक-एक दीनार में बिकते!

हमारा शास्त्रकार तब युवती के स्तनों की गोल प्रांतरेखा फीते से नापकर उसे नायिका भेद के उपयुक्त दराज में डालने में व्यस्त था -

उच्छ्वस्वन्मण्डलप्रान्तरेखमाबद्धकुड्मलम्।
अपर्याप्तमुरो वृद्धेः शंसत्यस्याः स्तनद्वयम्॥ - दशरूपकम्

महमूद ग़ज़नवी कच्ची गोलियाँ खेलना न जानता था! उसने दस साल पहले ही अपने युग के सर्वश्रेष्ठ विद्वान् अल बरूनी को यहाँ की टोह लेने को भेज रखा था! अल बरूनी ने 'अल् हिंद' नामक पुस्तक में बाहर से भीतर तक जर्जर इस समाज की बखिया उधेड़कर रख दी थी!

इससे समय रहते ज़रूरी है पहचानना, कि यह कैसा समय आ लगा है, अपनी हैसियत क्या है, अपना कौन है और कौन पराया! ज्योतिषी के आगे हथेली पसारकर नहीं!

*

पहचान के शब्द

समझ में नहीं आता, हिंदी - अर्थात् हिंदी भाषा - के शब्दों के मरने की चिंता में हिंदी के हित चिंतक क्यों इतने दुबले हुए जा रहे हैं!

कविश्री लीलाधर जगूड़ी मेरे पुराने मित्र हैं, इधर तो नहीं मगर बरसों पहले चिट्ठी-पत्री भी आती-जाती थी। एक बार उन्होंने मुझे

टोका था, "'बावजूद' के बाद 'भी' नहीं लगाते' - इस हिदायत को मैं यह शब्द लिखते समय आभार सहित प्रायः याद किया करता हूँ। उनका नया कविता संग्रह खोजकर मँगाता और उसे पढ़ता हूँ।

उनके कविता संग्रह 'ईश्वर की अध्यक्षता में' की भूमिका की इस इबारत पर मेरा ध्यान अटक रहा, "बहुत से नए और मूल्यवान शब्द, छोटे और बीमार बच्चों की तरह मरते जा रहे हैं" यानि कि "शब्द मरते जा रहे हैं"!

लगभग इसी बात की गूँज मुझे दूसरी ओर से भी सुनाई देती है -

"भाषा के बल्ब बुझ रहे हैं" कई बरस हो गए इसे पढ़े हुए, हो सकता है, वाक्य शब्दशः ऐसा न हो, भाव यही था। इसके लेखक ज्ञानरंजन और मैं एक ही चटशाला में पढ़े हैं।

मित्रो, मरने को तो सब मरते हैं, जो भी पैदा हुआ है सो। 'जो ऊगा सो अत्थवै' मेरे दादा-दादी, माई-बाप को मरना बदा था सो मर गए 'मृत्युर्वैः प्राणिनां ध्रुवः!' मानी हुई बात, फिर चौंकते क्यों हैं! छट्ठले क्यों बनते हैं!

मैं पूछता हूँ कि सुबह दूध की बोतल उठाने के लिए दरवाज़ा खोलें और अगर साठ बरस पहले मरी दादी, जिन्हें आप मसान पर ले जाकर फूँक आए थे, मुस्कराती हुई सामने खड़ी दिखलाई दे जाएँ तो क्या हालत होगी आपकी!

आप कहते हैं कि भाषा के बल्ब बुझ रहे हैं - और अगर मई महीने की चिल्ला-फाड़ दोपहर १००० कैंडिल पावर का तड़पा ऐन आपकी नाक के सामने जल जाए, तो! (तड़पा क्या होता है, आप बूझते हैं!)

वैसे ही मैं डर के मारे थरथर काँप रहा हूँ, सदियों पहले मरे हुए दादा-नगड़दादा को, और उनको जो कभी पैदा तक न हुए, न कभी होंगे ऐसे धुंधकारी शब्दों को अपने आगे-पीछे डग डग डोलते हुए देखकर! ज़रूर, आपको भी डरना चाहिए - मगर आपके तो कानों पर जूँ तक नहीं रेंगती!

'वर्ष' की तुलना में 'बरस' मुझे अधिक अच्छा लगता है। कारण, यह मुझे अपने बचपन के दिनों की, होली की, याद दिलाता है, जब गोधन गुरू हमारा झुंड बनाकर चंदा माँगने निकलते थे, "होली माता देओ असीस, लड़के जीवैं लाख बरीस!" और भी बहुत-सा! "दिया मन को दिलासा, पुनः आऊँगा, भले ही बरस दिन अनगिन युगों के बाद!" "सोलह बरस तक छत्री जीवै, आगे जीवै को धिक्कार!" (अब तो कान्वेंटी उच्चारण सुनाई देता है, "मैं शत्री हूँ!" "ऐसे ही 'शति' होती है!" वारे जाऊँ मैं तो, 'शत्री' और 'शति' का कोई भी अर्थ निकाला ही नहीं जा सकता!) निखालिस जाहिलियत है, 'वर्ष' तो!

एक नया शब्द है, 'अग्निपथ', सिर चकरा देने वाला! मुशर्रफ़ साहब की पुस्तक का नाम। सुना, इस नाम की फ़िल्म भी भारत में बनी है! मैं इस पर इतना ही कह सकता हूँ कि इसमें दो शब्द हैं, 'अग्नि' और 'पथ' - दोनों का अर्थ मैं जानता हूँ - दूसरे का अधिक क्योंकि १२ बरस की उम्र में, छठे दरजे में पढ़ा था, 'पछताता पथ पर आता' - गौड़ मास्टर साहब का चेहरा तक आखों के आगे घूम जाता है! लेकिन 'अग्नि' का अर्थ अगर है तो फ़ायरब्रिगेड मेरे स्कूल के रास्ते में पड़ता था! फ़िल्म तो दूर होने के सबब न देख पाया, पुस्तक के बारे में पढ़ने से पता चला कि 'फ़ायर' का अर्थ जरनैली-जंगी है

- गोली से उड़ा देने वाला! मैंने (टी वी के अलावा!) गोली छूटते कभी न देखी! अर्थात् मैं और 'अग्निपथ' तीर घाट मीर घाट हैं! 'फ़ायर' ने कितनी दूर तक सिर्फ़ गंद फैलाई!

हाँ, अगर 'आग' कहें तब तो बात समझ में क्यों न आएगी! दर्जनों बातें दिमाग़ में चक्कर काट जाएँगी! 'अगिनखोर' को 'अग्निभक्षक' कहेंगे? 'आग लगै!' को 'अग्नि लगे' - 'अगिया बराही' का उपचार कैसे होता है, ठीक ही तो है, जो आग खाई सो अंगार हगी!

'पनिहा कपार' मेरे घर नहीं बोला जाता था - मेरी माता इसे अपने मायके से ले आईं! हरिनी वाला लोक गीत सुनाते-सुनाते वह रोने लगतीं! उनके बड़े भाई ब्रजमोहन व्यास भी, 'शाकुन्तलम्' का श्लोक 'पातुं न प्रथमं-' वह अंत तक कभी न पढ़ पाते, उनका गला भर आता! पनिहा कपार थे, दोनों!

बहुत दिन होते हैं, यह देखकर कि 'आश्चर्य' मेरे घर-परिवार में किसी के मुँह से सुनाई न दिया, एक बार भी नहीं, मुझे कुतूहल हुआ! मैंने कवियों को टटोला। गुमान, ठाकुर, मतिराम, - 'आश्चर्य' का कहीं अता-पता नहीं!! और पीछे, तुलसीदास, सूर, कबीर - सब जगह सन्नाटा! देव में 'आहचरज' है; कबीर में 'आचरज' "दस द्वारे का पींजरा तामे पंछी पौन। रहिबे को आचरज है जाए तो अचरज कौन!"

'आश्चर्य' तो हज़ार साल हुए, घिस-घिसा कर दूसरे नए जन्म ले चुका था! उसे फिर से पुरानी योनि में भेजना वैसे ही है, जैसे कि पकी हुई रोटी को पीस कर आटा बनाना, आटे को अन्न के दाने में बदल देना!

हिंदी में संस्कृत के तद्रूप एक-एक शब्द को चिमटी से पकड़-पकड़कर फेंकने को भला कौन कह रहा है! लेकिन ऐसे शब्द जिनका चलन सदियों से उठ गया है, उनके प्रेत जगाने से उनके कंकाल खड़खड़ाते रहेंगे - और दर्जनों सार्थ-सटीक शब्द उनके डर के मारे दूर-दूर भागते जाएँगे! घड़ियाल की तरह मुँह फाड़कर 'पुस्तकालयाध्यक्ष' कहने की जगह मराठी में प्रचलित 'पुस्तकपाल' कितना मीठा शब्द है! 'गोपाल' से लेकर 'राज्यपाल' तक की अनुगूँज लिए हुए!

इसी से तो एक हिंदी ही ऐसी भाषा हो गई है, कि इसमें कुछ भी लिखा जा सकता है - सब चल जाएगा! कहते लाज आती है, इधर तो 'न' और 'नहीं' का सही प्रयोग मुश्किल से पढ़ने को मिलता है - गद्य तो दूर, कविता में भी! असमापिका क्रिया और भविष्यत् के पूर्व 'नहीं' न लगेगा! भोजपुरी, बैसवाड़ी आदि, मेरे लिए अवधी में 'न' और 'नै' में घोलमेल नींद में भी कोई न करेगा। मगर बोली को तो गाँव-गँवार की भाषा समझा जाने लगा!

हिंदी संपर्क भाषा है, इसमें शब्दों का आगम स्रोत बोलने वाले की मातृभाषा को छोड़ (जिसमें हम सोचते, देखते और पहचानते हैं!) - वह बुंदेली हो कि भोजपुरी - और दूसरा कुछ हो ही नहीं सकता, तो बोली ही सदा भाषा का स्रोत रहेगी। **बाणभट्ट की आत्मकथा** के पहला संस्करण (१९४६) में 'लाखों युवक और युवतियाँ, बच्चे और बच्चियाँ मर **गयीं**' जैसी भोजपुरी की छाप जहाँ-तहाँ दिखलाई देती है अगले संस्करणों में इन्हें शोधा गया है।

जागरुक लेखक अपने क्षेत्र की बोली के शब्दों का सटीक प्रयोग कर उन्हें प्रामाणिक बनाता है। यही संस्कार है, भाषा का। ज्ञानरंजन की

कहानियों में जान फूँकने वाले सैकड़ों नहीं हज़ारों शब्द इलाहाबादी बोली के हैं। हिंदी के ख़ज़ाने में जाने वाले ये शब्द हीरे-मोती से घटकर न आँके जाएँगे। उनकी भाषा में से 'इलाहाबाद' को निकाल दें तो वह 'लुल्ल' रह जाएगी! ('घंटा' के निकटवर्ती हरवा-हथियार वाला अर्थ है, 'लुल्ल' का! इलाहाबादियों की मारू ज़बान के अलावा इसकी तस्दीक करना चाहें तो टर्नर साहब के कोश में पेज ६४६ पर देखें।)

'हुरपेटना' हमशहरी बच्चन जी के अलावा (मेरी सीमित जानकारी में) मैं इसे व्यवहार में लाया हूँ - लिखने और यथार्थ में भी! (अँग्रेज़ी में है इसका जोड़ीदार शब्द!) 'न सौ पुरश्चरन न एक हुरश्चरन!' 'खाए के पड़ रहौ औ हुर के टर रहौ' बचपन से हम सुनते आ रहे हैं! जापान नया-नया आया ही था, ओसाका में एक हौली के बाहर एक पियेला अकारण उलझ पड़ा मुझसे। जापानी तब आती न थी, कहता क्या, बस, अच्छी तरह उसे हुर दिया! जापानी में हुरने को क्या बोलते हैं, आज तक पता न किया।

पत्र संपादक का कर्तव्य है पाठकों की छंदानुवृत्ति करना। वैसे ही पाठकों के ज्ञान, उनकी रुचि का परिष्कार करना भी उनका दायित्व है। यह लेखमाला लिखने का उनका आदेश मानने के पीछे मेरा भी एक प्रयोजन निहित था। महाकाल क्या, मैं तो उसका भक्ष्य, सामान्य प्राणी हूँ, फिर भी अपने सारे वयस्क जीवन में एक कापालिक के समान श्मशान पर से एक-एक मुर्दा उठा-उठा कर उसे जगाता, उसका भरसक संस्कार करता आया! कालपी में यमुना किनारे से श्रीपति मिश्र, इटावा में गंगा तट पर से देव, आमेर ब्रह्मपुरी में बिहारीदास,

सीतापुर में सुवंश!

अब भी मैं कापालिक की उसी अघोर क्रिया में लगा हुआ हूँ! और मेरे हाथ लगते हैं कभी हीरा-पन्ना जैसे चमकते हुए शब्द प्रयोग, कभी खालिस गिन्नी! हाँ, कभी राक्षसी प्रयोग भी, 'गहहि छांह सक सो न उडाई'! इस लेखमाला में ऐसे प्रयोगों का साझा पाठकों से करना चाहता हूँ, चंदन बाँटने के समान, जिसमें देने और पाने वाले दोनों के हाथ सुगंधित होते हैं।

आनंद सुगंध ते सुगंधु जैसे फूलनि ते फूल से दुकूलनि ते रूप निकस्यो परै [३८५]
वहवह्यो गंधवह वह्यो है सुगंध स्वास महमह्यो आमोद विनोद सुख सात के [४००]

क्या अर्थ होगा, 'आनंद' का और 'सात' का? दोनों ही कवि देव के छंद हैं। वहाँ तो हिंदी के आठ से अधिक ही दिग्गज होंगे! राय जानना चाहूँगा।

*

मेरे शब्दों की पहचान

मेरा मतलब उन शब्दों से है, जिन्हें मैं पहचानता हूँ और वे शब्द जो मुझे पहचानते हैं! आज मैं उन शब्दों की जन्म कथा सुनाऊँगा। मेरे बाद जन्मे हैं शब्द, जो मेरे हैं!

बताते हैं, मैं धरती गिरा और पूरे ज़ोर से चीखा तो साँवाँ चमाइन ने मुझे लोंदे की तरह दोनों हाथों में उठाकर मेरी माता की छाती पर धरा और ज़च्चा की सेवा में लग गई। सील मछली की तरह

दो-तीन अंगुल फिसलता हुआ मैं माँ के स्तन तक पहुँचा और दूध चुहकने लगा। साल सवा साल का होने पर मैं माँ के स्तन को 'मिन्ना' कहता था! यह पहला शब्द था, मेरे संसार का! मल-मूत्र त्यागने की हाजत होने पर 'छिया' और 'मुत्ती'। 'मोरी' शब्द भी लगभग इसी समय मेरे भंडार में आया। 'मिन्ना' की जगह 'दूध'! 'मिन्ना' भला मेरे जीते-जी मिट कैसे सकता है! मैं जापान आया, उसके कई साल बाद तक मेरी बूढ़ी माता जीवित रहीं। एक बार उन्होंने टेप में कहा था, "कबहूँ अपने मिन्ना की याद कर लिया करौ!" माँ का दूध! सारे भारत खंड ही में नहीं, पठान-पश्तून तक के लिए 'दूध की क़ीमत' से बड़ी क्या कोई दूसरी चुनौती हो सकती है, जिसे चुकाने के लिए आदमी जान लेने और देने पर उतारू हो जाता है!

लंबा-चौड़ा परिवार, अपना और ननिहाल का मिलाकर। जब से होश सम्हाला, सुबह आँख खुलती दादी के भजन गाने से। माँ की आवाज़ सुनाई देती, स्नान घर में विष्णुसहस्रनाम का पाठ करते हुए। पिता गीता के दो अध्याय का पाठ करते - नवरात्र में अहोरात्रि दुर्गा सप्तशती का। 'जेल' भी जाना, क्योंकि घर के कई प्राणी जेल काटते रहते थे! माँ और चाची तक!

बचपन के साल बनारस, एक निचाट बँगले गणेश बाग में। जीवों वनस्पतियों के शब्दों से तभी परिचय हुआ। देखा, लाल सिर का माटा, अपनी पीठ पर एक मरा हुआ कीड़ा लादकर कितनीईई दूर बिल में ले जाता! कचनार, करौंदा, जंबीरी नींबू और आँवला। घर में माँ की श्रीमद्भागवत थी मगर तब मुझे इतना थोड़ा अक्षर ज्ञान था कि उसे पढ़ने की बजाय उसके सादे और रंगीन चित्र देखकर मैं एक-एक के

वास्तविक संसार में चला जाता! उस दुनिया में भी सब मेरे घर की बोली बोलते! कृष्ण जन्म कंस के जेल में - एक बार तो कुएँ में झाँकने पर मुझे भगवान् के दर्शन भी हुए थे! (मैंने जाकर माँ को बताया तो वह बेचारी बहुत डर गई!)

कानों में बार-बार पड़ने वाले उन शब्दों की छाप मेरे मन-मस्तिष्क में जमा होती गई!

किशोर वय के तीन-चार बरस ननिहाल में रहना हुआ, अपने बड़े मामा ब्रजमोहन व्यास के साथ। एकदम निराली दुनिया! डाक्टरी पेशा (कुल १३ डाक्टर!) वकील या सरकारी अफ़सर! जेल? यहाँ तो 'राय बहादुर' की ख़िताबें पाए मामा लोग थे! अछूती रसोई! मुसलमान पावरोटी वाले की पावरोटी! बोली तक हमारे घर की नहीं, बाहर की! हाँ, मामा के पास संस्कृत, अंग्रेज़ी और उर्दू के सुभाषितों का भंडार था! गंगानाथ झा संस्कृत के उनके गुरु थे। भारी जीवट के पुरुष। मामा बोल और चाल में त्रुटि होने पर टोकते। "तुमको यह कहना चाहिए!"

विश्वास करें, अब अस्सी साल के पेटे में आकार मैं जितने सारे शब्द (१०-१५ हज़ार तो होंगे ही!) काम में लाता हूँ, १०-१२ बरस का होने तक उन शब्दों का ख़ज़ाना ९०-९५ फ़ीसदी भर गया था! यों कहें कि उसके बाद अँग्रेज़ी, उर्दू-फ़ारसी, जापानी, स्पानी - सब को जोड़कर भी मेरे शब्द ज्ञान में सिर्फ़ ५ या १० फ़ीसदी की बढ़ती हुई! सच कहा जाए तो यह ५-१० प्रतिशत शब्द दिमाग की अँधेरी भुसौली में पड़े हुए बेकार सामान के समान हैं! 'trist with destiny' - पहला शब्द मैंने कभी इस्तेमाल किया, और न जीवन में कभी करूँगा!

इस लिए मैं उन लाखों तो नहीं, फिर भी कई हज़ार जाने-पहचाने हुए शब्दों का सहारा लेते हुए उन कई हज़ार बातों या वस्तुओं को आज पहचान लेता हूँ।

इसे तनिक भी अतिशयोक्ति न मानें, मैं अपने इस्तेमाली एक-एक शब्द का जन्मदिन तक बता सकता हूँ! Fire शब्द पहली बार देखने की मुझे याद है, पैलेस थियेटर के बरामदे में टँगी बाल्टियों पर लिखा हुआ। तब मैं १६-१७ साल का था। blood बीए में पहुँचकर - शेक्सपियर के नाटक 'मेकबेथ' में।

मैं तो भौचक रह जाता हूँ, यह देखकर कि वस्तु से शब्द से वस्तु की पहचान का चक्र बनता कैसे है? "पानी" कहने या सुनने पर क्या होता है, कभी सोचा है?

देखें, 'प् आ न् ई' - प् तो मुँह से निकलने के साथ ही न रह गया - मर गया! इसी तरह और सब ध्वनि भी कहते ही मरती गईं! मरने का सबूत? 'ई' को सुधारकर 'ओ' कह सकते हैं? - यानि 'पा नी' को 'पा नो' कहा ही नहीं जा सकता! आगे चलें! अक्षर कहे जाते, सुने जाते और मरते जाने के अंत में वे सब कानों से होकर मन में ४-५ बरस की उम्र से टँगी हुई कई हज़ार (अमूर्त होते हुए भी मूर्त और फिर अमूर्त!) घंटियों मे से सिर्फ़ एक ख़ास घंटी पर चोट करती है, टन्न! और इसके साथ फूट पड़ता है मन के ख़ज़ाने में जमा उसका अर्थ! अगर 'पानो' कहें, एक बार नहीं सौ बार, तो भी घंटी न टनकेगी, क्योंकि मेरे मन में इसके अर्थ की छाया जमा ही नहीं है! या कि किसी दुर्घटना या रोग से मेरा दिमाग़ चल जाए तो मेरे मस्तिष्क से 'पानी' की छाया मूर्ति भी नष्ट हो जाएगी! और लीजिए प्रमाण

- कहिए एक जापानी से 'पानी,' एक नहीं सौ बार! भकुआ बना वह सिर्फ़ हँसेगा! (जापानी हँसते हर बात पर हैं - धड़ाम से गिर पड़ने पर भी!)

इस तरह प्रगट होता है, शब्द का अर्थ! माचिस रगड़ने के बाद भक्क् से लौ के जल उठने की तरह; मोटर गाड़ी का बटन एक बार दबाते ही इंजन के घुरघुरा उठने की तरह! सुलगती हुई तीली को फिर भला कौन घिसता है! मोटर के बटन को बराबर कोंचे तो नहीं रहना होता! भारतीय दर्शनशास्त्र में इसे 'स्फोट' कहा जाता है।

भाषा में शब्द से चलकर अर्थ की निष्पत्ति, पहुँच, को भगवान् पतंजलि ने बड़े सुंदर रूप में कहा है, 'स्फुट्यर्थोऽस्मादिति' 'स्फोट अर्थ का बोध कराता है'!

हिंदी हो कि फ़ारसी कि हिब्रू या सबसे अधिक हमारे प्यारे भारत की राष्ट्रभाषा 'वंग्रेज़ी', यह बात अंगद के पाँव की तरह आज भी अडिग है और आगे भी सदा 'टारे न टरै' रहेगी!

'लाक कर दूँ?' कभी सुना है? दिमाग़ पर ज़रा ज़ोर डालें! नीलाम चढ़े हुए माल को नीलाम करने वाला, नीलाम की बोली लगाता है, और ख़रीदने के इच्छुक उससे बढ़कर बोली बोलते हैं। जब और अधिक ऊँची बोली नहीं लगती तो वह बोली लगाना बंद कर देता है!

"मैं खरे जी के यहाँ गया, मगर उनके दरवाज़े पर तो ताला लगा था' कि 'ताला लाक था'? लाक का विलोम क्या बनेगा, हिंदी में - अनलाक?

यह तो दिमाग़ी काहिलियत है! क्यों पैदा हुई काहिलियत? क्योंकि 'ताला बंद करना - लगाना - ठोंकना - जकड़ना (हर एक में कितनी

अलग व्यंजना छिपी हुई है!) पिछले डेड़-दो सौ बरस में कमाए गए ये सारे मुहावरे इस आदमी के दिमाग़ से काफ़ूर हो चुके हैं!' काफ़ूर क्यों हुए? क्योंकि इसके दिमाग़ में आधे-तीहे बने बिंबों वाले शब्दों के रेतीले बवंडर में हर शब्द प्रामाणिक है, सिर्फ़ बोल देने और कुछ भी अभिव्यक्त न करने के लिए! इसके लिए भाषा मस्तक से इंच भर ऊपर आकर, बिना छुए, फड़फड़ाते हुए उड़ जाने वाले चिमगादड़ों जैसे शब्दों की है! तभी तो अब तोला भर बात, उसे कहने या लिखने, के लिए पसेरी भर शब्द लगते हैं! वाग्मिता, 'मितं च सारं च वचः', को जुलाब लगा रहा है, 'लाक'!

हमारी भाषा-बोली का एक हीरा भेंट करता हूँ, आपको। नागरी वर्णमाला अगर आप चीन्ह सकते हैं – और आप पत्थर की मूरत या ऋषि नहीं हैं – तो पढ़ें इसे - ताल का ज्ञान हो तो कानों में सुनाई देगा, कहरवा ताल में थिरकता हुआ, कुंजर की गति पर चलता मत्तगयंद सवैया छंद -

भीतर नीर सरोजकली उर त्यो परतीति उरोजहि याकी। सूर उदै परै पूरव जोति अपूरव जोवन जेव जिया की। फूलि फलैगी मनोरथ वेलि लसै नवला नवलाल पिया की। ज्यो लपटी पट जोति दिया त्यो तियातन रूपकला दुतिया की॥

*

पहचान - गंगा गायत्री

शब्द पहचान कराता है केवल मात्र उसी को जिसे पहचान हो, शब्द की! उस सरेख को तो कदापि नहीं, शब्द की पहचान ही जिससे खो

चुकी हो!

मिर्ज़ापुर और पटना रेलवे स्टेशनों तथा मदुराई स्टेशन की वास्तु शैली में अंतर हो तो हो, नहीं तीनों प्रायः एक-जैसे दिखलाई देते हैं। स्टेशन से निकलकर कोई आधा किलोमीतर किसी भी दिशा में जाने पर दिखलाई देगा, भारी अंतर।

उत्तर के दो स्टेशनों के आगे जगह-जगह कूड़े-कचरे का ढेर लगा होगा मगर दिन-ब-दिन देखते-देखते वह ढेर ही दिखलाई देने लगता है, कूड़ा नज़र में नहीं आता।

इसी तरह हलद्वानी कौसानी के बीच बस से आने-जाने वाला अगर वह रोज़ का मुसफ़िर है तो उसे बाहर के दृश्य में कहीं भी कोई बदलाव महसूस ही न होगा, मगर २०-२५ बरस बाद वहाँ जाने वाला व्यक्ति बाहर नज़र पड़ते ही दंग रह जाएगा, कि अरे, यहाँ तो दोनों ओर के पहाड़ घने चीड़ और देवदार के हरे भरे जंगलों से ढके होते थे - अब यहाँ लाल पथरीली नंगी ढलानें हैं - सारे पर्वत अपनी पहचान खो चुके हैं।

मेरे पिता १३ बरस बंबई रहे। पानी वह बंबई के नल का न पीते इलाहाबाद से संगम का जल ताँबे के बड़े-बड़े हंडों में मालगाड़ी से मँगाते थे। कितने लाख गिरमिटिया मज़दूर जहाज़ों पर लदकर सात समुंदर पार फ़िजी और गियाना गए थे तो शीशियों में गंगाजल भरकर साथ ले गए थे - वहाँ के किसी सरोवर में वह गंगाजल डालकर उसे गंगासागर बना देने को!

क्यों न हो, ऐसा! उसी गंगा की स्तुति मैं सुनता आया हूँ बचपन से

गङ्गा गङ्गेति यो ब्रूयात् योजनानां शतैरपि, विमुच्यते सर्वपापेभ्यो विष्णुलोकं स गच्छति!

सैकड़ों कोस दूर रहकर भी गंगा का नाम लेने भर से वह व्यक्ति पापमुक्त हो देवलोक में जाता है। इसी गंगा किनारे के रेतकण से मुझे मानव चोला मिला है। संगम का दृश्य देख कालिदास ने मुग्ध हो, रघुवंश के इन तीन छंदों में अपनी सारी कवित्व शक्ति उसके वर्णन में उड़ेल दी -

" देखो तो, यमुना की साँवली लहरों से मिली हुई उजली लहरों वाली गंगा को। कहीं तो ये इंद्रनील मणियों से गुथी हुई माला-जैसी हैं, तो कहीं नीले और श्वेत कमलों की मिली हुई माला-सी।

कहीं साँवले रंग के हंसों के साथ मिले हुए उजले हंसों की पाँत के समान, तो कहीं श्वेत चंदन से रँगी हुई पृथ्वी, बीच-बीच में काले अगर से रंजित सी।

कहीं-कहीं ये वृक्षों के पत्तों से होकर नीचे चाँदनी के धब्बों जैसी, और कहीं पर जैसे कि शरद ऋतु के उजले बादलों के बीच-बीच में नीला आकाश झाँक रहा हो।"

क्वचित्प्रभालेपिभिरिंद्रनीलैर्मुक्तामयी यष्टिरिवानुविद्धा।

अन्यत्र माला सितपङ्कजानामिन्दीवरैरुत्खचितान्तरेव॥

क्वचित्खगानां प्रियमानसानां कादम्बसंसर्गवतीव पङ्क्तिः।

अन्यत्र कालागुरुदत्तपत्रा भक्तिर्भुवश्चन्दनकल्पितेव॥

क्वचित्प्रभा चान्द्रमसी तमोभिश्छायाविलीनैः शबलीकृतेव।

अन्यत्रशुभ्रा शरदभ्रलेखा रन्ध्रेष्विवालक्ष्यनभः प्रदेशा॥

बंबई में रहकर गंगाजल ही पीने के हठी मेरे पिता तो अब न रह गए, पर आप गंगा का पानी क्या बेखटके पी सकते हैं?

हरिद्वार और मथुरा के आगे गंगा यमुना कारखानों का कचरा, बिना जलाए हुए और अधजले शव, कच्ची खाल को सिझाने के बाद बहाए हुए बदबूदार पानी बहाने का परनाला हैं! क्योंकि खो दी है आपने गंगा यमुना की पहचान इस लिए, कालिदास के शब्दों में ये 'समुद्र की दो पत्नियाँ', परनाले में बदल गईं! यह पहचान खो देने की कहानी बहुत लंबी या ढकी-मुँदी भी नहीं है!

गंगा यमुना से संगम पर हर १२ साल पर महाकुंभ का मेला जुटता है। इसके किनारे तंबू छोलदारियों का नगर बस जाता है। नचनिया मडोत्रा यहाँ आकार ठहरती है! १ करोड़ से अधिक मनुष्य मकर संक्रांति पर गंगा स्नान करते है! गिनेस बुक में इसे संसार का सबसे विशाल मेला गिना गया है!

कितने साल से यह मेला यहाँ जुटता आया है? भगवान् रामचंद्र वनवास को जाते हुए यहाँ भारद्वाज मुनि के आश्रम में गए थे। वाल्मीकि ने इसका उल्लेख रामायण में किया है। गौतम बुद्ध भी कोसांबी जाते हुए यहाँ से गुज़रे थे। सातवीं सदी में भारत आए हुए चीनी यात्री हुएन् सांग ने लिखा है कि कन्नौज के महाराज हर्षवर्धन संगम में स्नान कर अपनी कुल संपत्ति का दान कर जाते थे।

मगर १२ बरस पर कुंभ मेला लगने का उल्लेख कहीं नहीं! 'बाबरनामा' से लेकर 'औरंगज़ेबनामा' – कहीं भी इस मेले का नाम नहीं आया है!

हरिद्वार में तो बारह साल के अँतरे पर कुंभ मेला ('Cumbha-Mela' 'Koom'; 'koombh ca Mela' 'koomb ke mailah') लगा करता था मगर इलाहाबाद म्युनिसिपैलिटी के मुहाफ़िज़ख़ाने में इकट्ठा हुए पुराने काग़ज़ातों और देश विदेश में जमा तमाम स्रोतों की जाँच करने पर भी इलाहाबाद में सन् १८६० के पहले 'कुंभ मेले' का नाम तक कहीं नहीं आया है! सन् १८०१ में इलाहाबाद ईस्ट इंडिया कंपनी के मातहत हुआ, उसके बाद कंपनी ने माघ मेले पर 'पिल्ग्रिम टैक्स' (यात्री कर) १ रुपया फ़ी व्यक्ति लगाया। (पंडित मदन मोहन मालवीय सन् १८८५ के लगभग गवर्मेंट हाई स्कूल में अँग्रेज़ी के मास्टर थे, और उनकी माहवारी तनख़ाह ४० रुपया थी! इससे १ रुपए की तब की औकात समझी जा सकती है!) उधर इलाहाबाद के पंडों ने, हो-न-हो हरिद्वार की नक़ल पर, अधिक से अधिक जजमानों से दक्षिणा गठने के इरादे से संगम पर 'कुंभ मेला' जुटाया! इलाहाबाद सिटी मजिस्ट्रेट की सन् १८६८ की रिपोर्ट ब्रिटिश लाइब्रेरी, लंडन, में सुरक्षित है – कुंभ मेले ("Coomb fair ...") का पहले-पहल उल्लेख इस रिपोर्ट में हुआ है!

कुंभ मेला लगा त्रिवेणी के तट पर! 'वेणी' तो धारा को कहते हैं न! और 'तट' अर्थात् ढाल, मनुष्य का कोई भी ढालदार अंग, जैसे कि स्तन, कमर आदि। गंगा और यमुना दो तो हैं, तीसरी धारा प्रागवाल पंडों के उर्बर दिमाग़ की उपज – सरस्वती नदी तो पंजाब से निकलकर कच्छ में आकर हज़ारों साल पहले सूख गई थी, मगर पंडों ने उसे इलाहाबाद किले के नीचे पातालपुरी से प्रगटा कर संगम में मिला दिया! किसी ने भी इस पर चीं-चपड़ न की - मोनियर

विलियम्स के संस्कृत कोश में भी त्रिवेणी में सरस्वती मिली है!

तीन धाराएँ कालिदास को भी त्रिवेणी संगम पर दिखलाई तो दी थी वही जो आज भी दिखलाई देती है, गंगा, यमुना और दोनों की सम्मिलित धारा तीसरी! वे ही तीन धाराएँ जो अवध के नवाबी झंडे पर थीं - आज भी राज्य सरकार के ठप्पे में हैं!

कवि देव ने भी वर्णन किया है 'तीन तटों वाली' का, 'तीनि तट तटिनी निकट वनराजी'! इसकी व्याख्या लोक-लाज के मारे न लिख पाऊँगा, कल्पना कर सकने वाला चतुर व्यक्ति आप ही समझ सकता है!

यह पहचान है, खोई हुई गंगा की पहचान, और इसकी भी कि गंगा गटर में कैसे बदली!

मैं अपनी आँखों के सामने देख रहा हूँ, अब से ५० बरस के भीतर-भीतर इसके सूखे हुए बालू तल पर जैसलमेरी और बाड़मेरी नस्लों के ऊँटों के काफ़िले बोझ ढोया करेंगे! अधिकतर रेत हलद्वानी-कौसानी की पहाड़ी चट्टानों की होगी!

करोड़ों हिंदू त्रिकाल संध्या करते, गायत्री मंत्र का जप करते हैं। मैं १२ बरस का रहा हूँगा, मेरा यज्ञोपवीत संस्कार हुआ। मैं भी तीन बार संध्या करता - गायत्री मंत्र का जप भी मुझसे कराया गया।

संध्या का उल्लेख 'रामचरितमानस' में तो देखने में आता नहीं! फिर त्रिकाल अर्चना क्या पाँच वक़्ता नमाज़ का जवाब तो नहीं! इस शक का एक और कारण यह कि मुसलमान मक्का, पश्चिम की ओर मुँह कर नमाज़ पढ़ते हैं, हिंदू पूर्व की ओर! (बतर्ज़, वे सुअर का मांस नहीं खाते, तो लो हम गोमांस न खाएँगे! मेरी दादी के रहते,

हमारे घर गोभी न खाई गई - क्योंकि शब्द में 'गो' है न!)

वैसे ही करोड़ों सवर्ण हिंदू गायत्री मंत्र जपते हैं। गायत्री तो वैदिक छंद है, ३ पद और ८ वर्णों का! 'तत् सवितुर्वरेण्यं । भर्गो देवस्य धीमहि । धियो यो नः प्रचोदयात्!'

इसके पहले 'ओम्' आदि का एक पद, (जिसमें ८ वर्ण नहीं, सात ही वर्ण हैं!) जोड़कर चतुष्पदी गायत्री मंत्र का प्रचलन कब से और कैसे हुआ!

और यह मंत्र, माना कि यह वैदिक है, पर देवी का मंत्र है, या कि 'सवितृ' अर्थात् सूर्य का?

और यह भी कि गायत्री मंत्र क्या पारसियों के धर्म ग्रंथ आवेस्ता में संकलित मंत्र का छायानुवाद नहीं है? यह अकेला मैं बेपर की नहीं उड़ा रहा - प्रसिद्ध जर्मन भाषा वैज्ञानिक, वेदज्ञ पंडित, कार्ल फ्रीड्रिख़ गेल्डनर (१८५२ - १९२९) के आवेस्ता तथा वेदों के तुलनात्मक अध्ययन का निष्कर्ष है यह!।

*

छूटे हुए रास्ते

यह शीर्षक क्या कुछ की याद दिला रहा है? जी हाँ, रॉबर्ट फ्रॉस्ट की प्रसिद्ध कविता पंक्तियाँ, जिसमें वह एक रास्ता छोड़कर एक पगडंडी चुनने की बात कहते हैं! निर्णायक स्वयं कर्ता है! वही दर्प जो 'गही तौन गही बात, छांडी तौन छांडि दई - करी तौन करी बात ना करी सो ना करी!' में है! लेकिन 'छुटना' तो बिलकुल उल्टी बात है! 'ग़ालिब छुटी शराब फिर भी...' लाचारी और दीनता की! जी नहीं,

'फिर भी' होता नहीं! कमान से छूटे हुए बान के समान ***छुटी हुई*** पगडंडियाँ भी फिर लौटकर नहीं आतीं! उन्हीं की बानगी दिखलाना चाहता हूँ, आज।

बनारस ज़िले के लमही गाँव में प्रेमचंद का घर अब भी होगा। प्रचलित प्रथा के अनुसार वहाँ उनका पुतला खड़ा किया गया। निराला ने एक बार प्रेमचंद के लिए कहा था, "आँखि केहुकर आय तो एहिकर आय!" हँसी आती है कि लमहीं में खड़े किए गए प्रेमचंद के पुतले की काँच की आँखें गिर गईं - या कि चिबिल्ले लड़के उसे काढ़ ले गए! यह कोई बड़ी बात तो न थी! प्रेमचंद के अगले जन्मदिन समारोह में नए कंचे खरीदकर आँखों के कोटरों में लगवाए जा सकते थे - दो-चार रुपए से अधिक खर्च न बैठता! चलिए, अगली बरसी पर सही। मैं तो इस बात की भी परवा न करूँगा अगर कोई प्रेमचंद के पुतले का सिर ही उतारकर ले जाए! उसमें भला है ही क्या, सिवा सिमेंट बालू और चूने के!

मगर है तो, प्रेमचंद के उपन्यास गोदान के **क्रिया कोश** में! ९६६ पन्नों का यह कोश तोक्यो में प्रो० माचिदा ने तैयार किया है। कुछ नमूने देखें,

> सर **पटककर** प्राण दे दूँगा कुंदा ज़मीन पर **पटककर** बोला होरी पाँव **पटककर** बोला मेज़ पर हाथ **पटककर** बोले

उन्होंने हिंदी का विलोमाक्षर कोश भी बनाया है - हिंदी में अकेला, चार कालम ६८८ पन्नों का - 'आंदोलित - उद्वेलित - नलित -

उन्मीलित'। हिंदुस्तानी का सबसे पुराना व्याकरण, केटलेर (सन् १६६८) का डच भाषा से तर्जुमा भी कर प्रकाशित कराया है। उद्यमी विद्वान् हैं।

उनके कमरे की सारी अलमारियाँ पुस्तकों से गच्छी देखते हुए मैंने उनसे कहा, "आपके पास 'हिंदी शब्द सागर' नहीं है!" "उसमें जगह-जगह इतनी भद्दी भूलें हैं, क्या करूँगा रखकर!" उनका उत्तर मेरे गाल पर तमाचे जैसा लगा! १८ साल के किशोर वह युनिवर्सिटी में दाखिल हुए थे, तब मैंने उन्हें हिंदी वर्णमाला का उच्चारण सिखलाया था! वह तो आगे बढ़ गए, हिंदी पीछे छुट गई - और भविष्य में भी छुटी ही रह जाएगी! मैं इस बात की गारंटी देता हूँ कि हिंदी का 'शब्द सागर' कभी न बन पाएगा! कारण का खुलासा भी कर दूँगा, अगले किसी दिन।

हिंदी का अति प्रामाणिक कोश बनाया जा सकता है अगर प्रो० कोगा के **हिंदी-जापानी शब्दकोश** के जापानी अंश का हिंदी में अनुवाद कर दिया जाए तो! दो कालम के १४३९ पृष्ठों वाले इस कोश के निर्माण में उन्होंने अपना सारा वयस्क जीवन लगाया है! कोई ५ लाख पंक्तियाँ, ७८,८१७ शब्द, २७,००० मुहावरे, ४६ हज़ार उदाहरण आदि। लगभग ९ हज़ार रुपए के इस कोश के तीन संस्करण अब तक हो चुके हैं। 'हिंदी शब्द सागर' इसके समान प्रामाणिक क्यों न बन पाया, इसका सबब भी बता दूँगा।

पिछली किसी बार मैंने बनारस के भारतेंदु भवन में इस प्रसिद्ध लेखक के निजी उपयोग में आई हुई वस्तुएँ आदि होने की संभावना बताई थी। पर वास्तव में वहाँ भारतेंदु बाबू हरिश्चंद्र के वंशज रहते हैं, भारतेंदु

की सामग्री छिया-बिया हो गई!

कई बरस हुए, मेरे एक जापानी छात्र, बौद्ध पुरोहित के परिवार में जन्मे, सारनाथ के आकर्षण से बनारस गए थे, युनिवर्सिटी में दर्शन शास्त्र पढ़ने। एक रोज़ चौक में घूम रहे थे कि एक अपरिचित व्यक्ति उनके साथ-साथ चलते हुए धीरे से बोला, "ये बहुत पुरानी किताब है, लीजिएगा?" पतली जिल्दबंद पुस्तक थी। इन्होंने लेकर पन्ने पलटे तो उसने कहा, "सिर्फ़ दो सौ रुपए!" पुस्तक वापस करते हुए इन्होंने कहा, "दस रुपए में देना हो तो दे दो।" उसने दस रुपए में बेच दिया।

पुरानी पत्रिका थी, हिंदी की। जापान लौटने पर उन्होंने उसे मुझे भेंट किया - **हरिश्चंद्र मैगज़ीन** के आठ अंक (इतने ही तो प्रकाशित हुए थे।) जिल्दबंद। उसे मैंने पुस्तकालय में जमा कर दिया।

इसके कई साल बाद की बात है। घर ले जाने के लिए पुस्तकालय से कई पुस्तकें चुनीं - **हरिश्चंद्र मैगज़ीन** पर नज़र पड़ी तो साथ में उसे भी ले लिया।

काउंटर पर तैनात कर्मचारी ने और पुस्तकें तो दे दीं, मैगज़ीन हाथ में लेकर बड़े संकोच से बोली, "माफ़ कीजिए, इसे बाहर ले जाने की मनाही है।" देखा, उस जिल्दबंद पत्रिका का तो कायाकल्प हो गया था! हर पन्ना किसी पारदर्शी रासायनिक से ऐसा मढ़ा हुआ कि पन्ने को बीच से फाड़ा भी न जा सके! **हरिश्चंद्र मैगज़ीन** यहाँ रह गई, भारतेंदु भवन में अब कभी वापस न जाएगी!

उसके निकट ही स्थित टाउन हाल की सीढ़ियों के नीचे खड़े होकर बाईं ओर नज़र घुमाएँ तो सींखचोंदार जेलनुमा एक इमारत दिखलाई

देगी। इसके भीतर अब क्या है, यह तो अंदर जाकर देख सकने वाला ही सही-सही बता सकता है, मगर था क्या, यह मैं बता देता हूँ!

सन् १९०३ से सन् १९२० तक पं० महावीरप्रसाद द्विवेदी **सरस्वती** के संपादक थे। इस अवधि में **सरस्वती** में जितनी भी रचनाएँ छपी हैं उन सब के मूल पर संपादक के संशोधन दर्ज हैं। द्विवेदी जी के ये सारे कागज़-पत्र यहाँ थे।

जगन्नाथदास 'रत्नाकर' के पास हस्तलेखों का बड़ा भारी संग्रह था। वह सब इसके अंदर था। याज्ञिक बंधुओं ने मथुरा के मंदिर के पुरोहित होने से उधर के हज़ारों पोथियों का संग्रह किया था। वह सब इसके भीतर था! पुरानी पत्र-पत्रिकाओं की फ़ाइलें (**अभ्युदय** ४० साल की फ़ाइल मेरे परिवार की ओर से यहाँ भेंट की गई थी।) भगवान जाने, इस सब को धरती निगल गई कि आसमान खा गया! मैं तो इतना ही कह सकता हूँ कि यह किसी दस नंबरी ही की करामात हो सकती है!

हमारे देश की गाय पट्टी ही में ऐसा क्यों होता है, जब कि पड़ोसी राजस्थान के प्राच्य विद्या प्रतिष्ठान में संगृहीत पुराने हस्तलेखों की संख्या १ लाख १० हज़ार है; लंडन के वेलकम इंस्टिट्यूट के संग्रहालय में भारत के १२ हज़ार पुरा लेख हैं - जिनमें से एक है **सूरसागर** की फ़ारसी लिपि में पोथी! यह कंपनी तो दवाएँ बनाती है!

अब से ५० बरस पहले की बात है, मैं जयपुर, युनिवर्सिटी, में था। आमेर में तब ब्रजभाषा के प्रसिद्ध कवि बिहारीदास के पुराने घर का खंडहर, 'बिहारी की हवेली' के नाम से जाना जाता था। हो सकता है, और अधिक टूटी-फूटी हालत में अब भी हो! इसी कवि के नाम से बिरला फ़ाउंडेशन सालाना पुरस्कार देता है, बिहारी पुरस्कार,

राजस्थान में जन्मे किसी एक कवि को, एक लाख रुपए का। औद्योगिक घराने यों पुरस्कार बाँटकर साहित्य सेवा करते रहते हैं - हो सकता है इससे उन्हें आयकर से कुछ छूट मिलती हो!

होना तो चाहिए था कि बिरला फ़ाउंडेशन इसके आगे पत्थर की एक पटिया लगवा देता, 'सतसई के रचयिता कवि बिहारीदास की हवेली का मलबा!' नीचे फ़ाउंडेशन का नाम भी रहता, लगे हाथ विज्ञापन भी हो जाता! अब के महँगे ज़माने में भी ४-५ सौ से अधिक का ख़र्च न बैठता! मगर प्रेमचंद के सूने कोटरों में कंचों की तरह यह भी न हो सका!

बिहारीदास की चर्चा मैंने इस लिए छेड़ी कि ७-८ बरस हुए, मैं **सतसई** पढ़ने लगा तो पहले ही दोहे को पढ़ते हुए मेरे कान खड़े हुए! हाईस्कूल के दिनों के कोई साठ बरस बाद पहली बार पढ़ रहा था! फिर तो आगे बढ़ने पर उसमें तमाम खाई-खंदक ही मिलते गए! छल विनय मुझसे नहीं हो पाता, इससे मन में आई बात कहता हूँ - बिहारीदास जैसा निम्न कोटि का, ध्वनि वधिर कवि सर्चलाइट से खोजने पर भी दूसरा न मिलेगा! विस्तार से न कहकर इतना ही बताना पर्याप्त होगा कि **सतसई** का पिछला महत्वपूर्ण पाठ संपादन 'रत्नाकर' जी का है, सन् १९२२ का! ७५ साल मे ऊपर गुज़र गए, किसी ने इसे जाँचने-परखने की ओर ध्यान न दिया! कथन कटु है, कुत्ता भी बैठने के पहले पूछ से धरती बुहार लिया करता है! सारस्वत धर्म भी इससे भिन्न नहीं। समय-समय पर जिस ज्ञान की बुहारी नहीं की जाती वह धूल-गर्द से ढककर अज्ञान में बदल जाता है।

जापान में रहते हुए **सतसई** के हस्तलेख जुटाना आसान तो न था!

आठ वर्ष का समय लगा, **सतसई** का संपादन करने में। ७१२ दोहों में २१० स्थानों पर बड़े ही महत्वपूर्ण संशोधन हुए हैं। लगभग एक हज़ार पन्ने, तीन जिल्दों में, यह प्रकाशित हैं। मैं तो तब न रह जाऊँगा, पर न्योता देता हूँ, अब से १०-२० बरस बाद फिर कोई योग्य व्यक्ति आगे आए और मेरे किए हुए संपादन का परिष्कार करे!

यह न समझें कि परदेस में जा बसने से मैं हिरस छोड़ रहा हूँ। प्रो० कोगा हों कि प्रो० माचिदा या कि स्वयं मैं - हममें से किसी ने भी हिंदी प्रेम में पगलाकर ये काम नहीं किए। यह तो 'गरज़मंदी' या कि 'गरज़ मंदी' में तमीज़ करने, और अपने-अपने चेहरे की लाली बनाए रखने के लिए किया! हिंदी ने हमें रोज़ी-रोटी दी - रोटी भी खूब घी चुपड़ी! अँजुरी-अँजुरी भर वेतन दिया। रहने को लंबे-चौड़े अहाते में सात कमरों का दो मंज़िला घर दिया। तो इसका एहसान जताने के लिए हयादार को कुछ तो करना ही चाहिए!

इन लोगों जैसे, मेरे जैसे और भी बहुतेरे हो चुके हैं वहाँ, भविष्य में भी होंगे, अवश्य! मेरा प्रश्न इतना ही है कि यही विस्तृत भूखंड इस क़दर बंजर हो कैसे गया!

*

पश्याम्येकं!

द्रोणाचार्य ने कौरव-पांडव राजकुमारों को अस्त्र-शस्त्र चलाने में दक्ष कर उनकी परीक्षा लेने का निश्चय किया। सबसे बड़े युधिष्ठिर को कमान पर तीर चढ़ाने की आज्ञा दी और कहा, "वह सामने के पेड़ की एक डाल पर बैठी हुई चिड़िया को निशाना बनाओ! देख रहे हो

न?" "हाँ आचार्य, उस पेड़ की डाल पर बैठी हुई चिड़िया को मैं देख रहा हूँ!" खीझकर द्रोण ने युधिष्ठिर से हट जाने को कहा। इसी तरह दुर्योधन आदि को खड़े कर वही सवाल पूछा और एक सा उत्तर पाने पर उन्हें भी तीर छोड़ने से रोक दिया! बारी आई अर्जुन की। आचार्य ने पूछा, "वह पेड़ और उसकी डाल पर बैठी चिड़िया देख रहे हो न?" अर्जुन बोला, "भगवन्, मुझे तो केवल चिड़िया ही दिखलाई देती है!" "किस रंग-रूप की है, चिड़िया?" "मैं तो केवल उसका सिर देख रहा हूँ - रूपाकार का मुझे ज्ञान नहीं!" द्रोण का रोम-रोम पुलकित हो उठा, 'पश्याम्येकं' सुनकर! (शिरः पश्यामि भासस्य न गात्रमिति सोऽब्रवीत्!)

लोक मानस इसे 'अर्जुन की चिड़िया' कहता है! मेरी माता ने पाठशाला स्कूल की ड्योढ़ी न लाँघी, फिर भी जब से मैं कुछ बड़ा हुआ, वह मुझे इधर-उधर बहकते देख चेताया करती, "कुछ हासिल करना चाहते हो तो उसे अर्जुन की चिड़िया बनाए बिना हासिल न होगा!"

अपने जीवन की घनाती हुई संध्या बेला में देखता हूँ तो दूर-दूर तक अनेक चमकते हुए छोटे-बड़े तारे दिखलाई देते हैं, उनके जिन्होंने भी 'पश्याम्येकं' एक ही लक्ष्य को देखा था! ऐसे चरित्रों का स्मरण भी मन को अपूर्व बल देता है!

वह मेरे पूर्वज थे। परिवार में घोर दरिद्रता, इतनी कि स्त्रियाँ पुराने कपड़ों में थिगलियाँ लगाकर तन ढकतीं, भोजन सारे पुरुषों के बाद करतीं, कि पुरुषों को दाल कहीं कम न पड़ जाए! इसके बीच में भी उसने 'चिड़िया' बनाया एक सपने को - अपने तन-मन को विधाता

के चरणों पर अर्पित करते हुए -

पञ्चत्वं तनुरेतु भूतनिचयाः स्वांशं विशन्तु ध्रुवं।
धातारं प्रणिपत्य नम्रशिरसा याचेहमेकं वरम्।

पंच तत्वों से बना यह मेरा चोला निश्चय ही एक दिन नष्ट हो जाएगा, फिर भी हे विधाता, यह नत मस्तक हो, मैं तेरे चरणों पर गिरकर एक ही वर माँगता हूँ - हिंदू विश्वविद्यालय!

विश्वविद्यालय तो बहुत बड़ी चीज़ है! अकेले एक शब्द 'हूण' को 'अर्जुन की चिड़िया' बना, बरसों-बरसों उसमें लगा देने वाले व्यक्ति को मैं व्यक्तिगत रूप से जानता हूँ!

मेरे मामा ब्रजमोहन व्यास के पास वह अक्सर आया करते थे। छरहरा लंबा गौरांग शरीर, लगभग गंजे मस्तक का पिछला भाग सपाट। ओजयुक्त वाणी। व्यास जी के साथ संस्कृत की – या संस्कृत ही में चर्चा होती। कि अचानक दोनों बंगला में बहसनुमा बातें करने लगते। छोटा था, मेरी समझ से दोनों बाहर। उठकर कमरे से निकल जाता। मामा से कारण पूछा तो उन्होंने पंडित जी का नाम बताया। यह भी कि ऐंग्लो बंगाली स्कूल से लेकर युनिवर्सिटी तक दोनों साथ पढ़े हैं।

मैं युनिवर्सिटी में पहुँचा तो उन्हीं पंडित जी को वहाँ देख मुझे घोर अचरज हुआ। वही सफ़ेद धोती कुर्ता में। कभी वह इतिहास विभाग की ओर जाते या वहाँ से निकलते दिखलाई देते। कभी संस्कृत विभाग की सीढ़ियाँ चढ़ते। कभी दर्शन विभाग में। बीच-बीच में छात्र उनके पैर छूते - एक बार डॉ० गोविंदचंद्र पांडे को उनका चरण स्पर्श करते देखा। न जाने किस विभाग में वह थे! यह भी सुना कि वह युनिवर्सिटी

सिनेट के सदस्य हैं और उस पर उनका आतंकपूर्ण प्रभाव है! चीनी भाषा विभाग में वह प्रायः जाते दिखालाई देते!

एक शाम को वह व्यास जी से मिलने आए थे, मैं वहाँ पहले से बैठा था। पंडित जी ने मेरी ओर ध्यान से देखा तो व्यास जी ने मेरा परिचय दिया, "मेरा भांजा है, एम् ए के पहले साल में है।" पंडित जी ने हल्के तुर्श स्वर में पूछा, "'राम' में कितने अक्षर हैं?" मैं सकपकाकर रह गया। उन्होंने उपेक्षा से मुँह फेरा तो मैं झिझकते हुए बोला, "पंडितजी, अक्षर कि वर्ण?" शाबाश! कहते हुए उन्होंने मेरी पीठ पर हल्की सी धौल लगाई। (सच कहूँ तो आज भी ठीक से नहीं बता सकता कि क्या नागरी में मात्रा को वर्ण मानना उचित है!)

यह थे पंडित क्षितीशचंद्र चट्टोपाध्याय, महामहोपाध्याय पंडित गंगानाथ झा के प्रिय शिष्य; विद्यानिवास मिश्र, गोविंदचंद्र पांडे आदि के गुरु। कालिदास के **रघुवंश** में (४-६८) 'हूण' शब्द आया है। कालिदास का समय निर्धारित करने का प्रामाणिक आधार। ढेरों सामग्री सुलभ होने पर भी उसकी सहायता न ले, पंडित जी ने चीनी भाषा सीखी - वह भी डेढ़ हज़ार साल पुरानी चीनी! ५ या ६ वर्ष का समय उन्होंने इसमें लगाया। ३०० पन्ने की पुस्तक **कालिदास ऐंड हिज़ एज** प्रकाशित है।

पंडित जी से मेरा अगला 'साक्षात्कार' तोक्यो में हुआ! उनके द्वारा संपादित-प्रकाशित पत्रिका **मंजूषा** के कई अंक पुस्तकालय से लेकर पढ़े!

गंगानाथ जी के दूसरे शिष्य ब्रजमोहन व्यास का भी 'पश्याम्येकं' था - संग्रह! आज वह संग्रह, इलाहाबाद म्यूज़ियम, भारत के पाँच

राष्ट्रीय संग्रहालयों में से एक है!

प्राकृत-हिंदी कोश **पाइअ सद्द महण्णवो** (प्रकाशित सन् १९२८) ९५२ पन्ने का, अकेले पं० हरगोविंददास त्रिविक्रम सेठ के उद्यम का परिणाम है। आधी सदी से अधिक हुए मैं इसका उपयोग कर रहा हूँ - इसमें एक भी भूल मेरे देखने में न आई! 'हिंदी शब्द सागर' क्यों हिंदी का और शब्दों का दुर्गंध छोड़ता हुआ मुर्दाघार क्यों है?

सात खंडों का **राजस्थांनी सबद कोस** श्री सीताराम लालस के ४० बरसों के अथक प्रयास का फल, प्रयोग प्रमाण सहित! यदि संभव होता तो सरल ग्रामीण से दिखने वाले इस ज्ञान शलाका विद्वान् के चरण छूता! क्यों, हिंदी ही के कोश क्यों गलित कुष्ट के चकत्तों से भरे हैं! मैं गिनाता जा सकता हूँ!

फ़रहंगे आसफ़िआ, चार जिल्दों का उर्दू कोश मौलवी सैयद अहमद देहलवी का; मुहज़्ज़ब लखनवी का **मुहज़्ज़बुल लुग़ात** १४ खंडों का! यह एक-एक अकेले-अकेले व्यक्ति के अथक उद्यम का परिणाम है!

हिंदी भाषा तो अमरबेल है, बिना मूल की, क्वेटा से ढाका और कोलंबो तक फैली हुई - किसी का जी नहीं दुखाती, इतना स्वच्छ और पारदर्शी, श्रुति पर आधारित व्याकरण है इसका! भाषा, सचमुच, 'बहता पानी निर्मला!' (केवल कुछ नमूने दे रहा हूँ, समय की सूचना सहित - लेखक का नाम न दूँगा।)

चौखट पर हाथ जमाकर वह बड़े हल्के अंदाज़ में मानों उड़ान भरता हुआ ऊपर को उठा और फिर कुशलता से दालान में जा पहुँचा। वहाँ से फ़रार होते समय उसकी लंबी टाँगों की लचक और सुबक अंदाज़ देखने योग्य था।

इस तरह वह नवयुवक वहशी चीते की तरह सनसनाकर उनके चंगुल से निकल गया और उनके हृदय के पत्रे पर कभी न मिट सकने वाला चिह्न छोड़ गया। [मातृभाषा पंजाबी, मूल हिंदी; १९८८]

कहीं नदी की एक तट रेखा के अलावा दूसरी दीख न पड़ती और कहीं अन्य तट के पेड़-पौधे अस्पष्ट दीख पड़ते। काँक वगैरह लगातार पानी में गोता मार रहे थे। बगुला इस वक्त अकेले शिकारी थे, शाम को दल बनाएँगे। स्टीमर, नाव, तैरती जलकुंभी, आसमान पर पक्षी और बादल तैरते चले जा रहे थे। किनारे की ओर तीर-भूमि भी शायद धीमी गति से पीछे की ओर सरकती जा रही थी। [बंगाली मातृभाषी का हिंदी अनुवाद; १९५७]

माँ बच्चे को गोद में लिए बैठी है, बाप हुक्का पी रहा है और देख देखकर खुश होता है। बच्चा आँखें खोले पड़ा है। अँगूठा चूस रहा है। माँ मुहब्बत भरी निगाहों से उसके मुँह को तक रही है और प्यार से कहती है मेरी जान! कब वह दिन आएगा, कि मीठी-मीठी बातें करेगा। बड़ा होगा, सेहरा बँधेगा! दुलहिन ब्याह लाएगा! [मातृभाषा उर्दू, हिंदी लिप्यंतर १८८५]

ता० २ जनवरी : सबेरे परेड देखने किलेके मैदानमें गये। दृश्य अच्छा था। भीड़ खूब थी। दोपहर बाद फ़ैंसी

फ़ेयर देखने जूलोजिकल गार्डेन गए। मेले का जमाव उत्तम था। खूब रौनक थी। मारवाड़ियोंका जोर था। मौसम साफ़ था।

ता० २४ जनवरी : कलकी बूँदों से सड़कोंपर कीचड़ था। पर सूख रहा था। सर्दी तेज़ थी, जो रात को खूब बढ़ी। मौसम साफ़ है। पर धूप सर्दी के सबब मालूम ही नहीं होती। बाबू गोकरणसिंह बांकीपुरवाले आये, मिले। सवेरे मुन्नालाल चमड़िया के साथ हवाखोरी को गए थे। रात को धन्नू को पढ़ाया [मातृभाषा हरियाणवी, मूल हिंदी १९०५]

इन अंशों को पढ़ते हुए क्या कहीं ऐसा लगा मानों सैकड़ों चमगादड़ों की तरह सिर के डेढ़ इंच ऊपर चक्कर काट रहे हैं, शब्द! इस भाषा में वह कौन सा अनोखा गुण है जो कथ्य को सीधे पाठक के हृदय तक पहुँचाता है - प्यासे के गले में ठंडे जल के समान!

*

डायरी १८९२ से १९०७ तक की

अब से एक सौ साल पुरानी, लगभग हर रात नियमित रूप से लिखी गई डायरी का भला क्या महत्व हो सकता है! कुछ देर तक सोचें इस बात को। यह तो रूस-जापान युद्ध और बंग-भंग जैसी देश-विदेश को झकझोर देने वाली घटनाओं के आगे-पीछे का समय है! मान लें, डायरी लिखने वाला कोई व्यापारी था! तो उस समय

चीज़ों के भाव का पता चलेगा - गेहूँ एक रुपए का कितने पसेरी। घी का भाव। मध्यम वर्गीय लोगों का रहन-सहन। तिजारत का भीतरी हाल। लिखने वाल कोई भी क्यों न रहा हो, इतना पुराना दस्तावेज़ - पुराना होने मात्र से - कितने भारी महत्व का होगा!

> २४ अक्टूबर १९०६ : सबेरे मथुरा रेलवे स्टेशन पर पहुँचे। वहाँ गोस्वामी लक्ष्मणाचार्य, पंडित रामचंद्र, मोदी बदरीदास गाड़ी सहित मिले। मालूम हुआ कि पंडित दीनदयालुजी दो दिन पहिले चल दिये। हरसुखराय दुलीचंद की धर्मशाला में उतरे। यमुना पार शौचादि जाकर यमुना-स्नान किया। भोजन गोस्वामीजी के घर पर किया। प्रोग्राम यात्रा का तय किया। नंदलाल वर्मा और क्षेत्रपाल शर्मा से मिले। सेठ कन्हैयालाल पोद्दार से मिले। ब्रजमंडल क्लब देखा। गोस्वामीजी के यहाँ शयन किया।
>
> ता० २८ अक्टूबर : क्षेत्रपालजी के घर गये। वहाँ से गाड़ी पर बैठकर स्टेशन पहुँचे। बरसाने को चले। साथ में स्वयं क्षेत्रपालजी, गोस्वामी ब्रजनाथजी, क्षेत्रपालजी की कन्या और नौकर। दस बजे से पहले कोसी और ११ बजे से पहले नंदगाँव पहुँचे। सेठों की बैलगाड़ी स्टेशन पर तो न मिली, नंदगाँव मिली। उस पर असबाब डालकर प्रेमसरोवर पहुँचे। वहाँ सब प्रबंध सुंदर था। लक्ष्मीनारायणजी का मंदिर सुंदर है। प्रबंध पोद्दारों का खूब था। भोजनादि करके ३ बजे यात्रा देखने गये। बरसाने में लाड़लीजी का पुराना मंदिर और जयपुर का नया मंदिर देखा। यात्रा देखकर ८ बजे प्रेम सरोवर लौटे। प्रसाद लेकर बड़े आराम से सोये।

यह बाबू बालमुकुंद गुप्त (सन् १८६५ - १९०७) की १५ बरस की

डायरी का अंश है। गुप्त जी ने मदरसे में उर्दू पढ़ी, फिर फ़ारसी। सारा जीवन वे पत्रकारिता से जुड़े रहे। उर्दू अख़बार 'अख़बारे चुनार' १८८६ - ८७, 'कोहनूर' १८८८ - ८९। सन् १८८९ में पंडित मदन मोहन मालवीय गुप्त जी को अपने साथ खींच ले गए, कालाकाँकर, 'हिंदोस्तान' के संपादक मंडल में! वहाँ से कलकत्ता, 'हिंदी बंगवासी' १८९३ - ९८, और 'भारत मित्र' १८९९ - १९०७ के संपादक। यह पत्र, गुप्त जी के संपादनकाल में, हिंदी लेखकों की टकसाल कहलाता था! इसी में गुप्त जी का लिखा हुआ 'शिव शंभु के चिट्ठे' और महावीर प्रसाद द्विवेदी से हुई उनकी साहित्यिक नोक-झोंक, 'भाषा की अनस्थिरता' जैसी स्थायी महत्व की कृतियाँ निकलीं।

गुप्त जी की आंशिक रूप से प्रकाशित डायरी मैंने पहले पहल पढ़ी तोक्यो में, सन् १९६८ के लगभग। यह श्री झाबरमल्ल शर्मा और श्री बनारसीदास चतुर्वेदी के संपादन में निकले 'बालमुकुंद गुप्त स्मारक ग्रंथ' में संकलित थी। चतुर्वेदी जी को उनके फ़ीरोज़ाबाद के अनुमानित पते पर मैंने पत्र लिखा। उन्होंने मुझे गुप्त जी के कनिष्ठ पुत्र श्री परमेश्वरीलाल गुप्त का कलकत्ते का पता दिया। इनसे संपर्क करने पर उधर से भेंट स्वरूप दोनों पुस्तकें तो उन्होंने भेजीं, अप्रकाशित डायरी के विषय में कुछ न बता पाए।

मुझे याद आई, अवधी की लोकोक्ति, 'संदेशों से खेती नहीं होती!" जापान सरकार का मुलाज़िम था, वह मुझ जैसे परदेसी अध्यापकों को महीने भर को जाकर अपना देश झाँक आने के लिए हवाई किराया दिया करती थी। सन् ७१ में भारत जाते हुए बैंकाक में विमान बदला, दिल्ली की अपेक्षा कलकत्ता जाने वाला। अलीपुर पार्क में गुप्त जी के

वास स्थान पर जाकर उनसे मिला। उन्हें मेरे परिवार के नाते मुझमें और पुरानी यादों में अधिक रुचि थी। यह भी देखा कि उनके लिए बालमुकुंद गुप्त का महत्व लेखक-संपादक नहीं, उनके पिता होने के नाते भर था। दो-चार पत्र मिले फिर, वृद्ध तो थे ही, वे न रह गए।

मेरा सारा जीवन तो पुरानी पोथियों पर काम करते बीता। वांछित लेख कहीं भी क्यों न हो, उसे हस्तगत करने में मुझे अब तक कोई भी न रोक सका! यह कोई बड़बोलापन नहीं, एक पुराने बड़े रजवाड़े के महल के भीतर दोहरे ताले लगे पुस्तकालय से भी पोथी निकलवा लाया हूँ और अफ़सोस, यह मानते हुए कि किसी की पीठ पर चाहे लात मारे, पेट पर लात मारना पाप है, लाचारी दरजे एक सरकारी कर्मचारी के पेट - रोज़ी - पर लात मारकर भी पोथियाँ ली हैं! इससे मेरे मन में ऐसा आत्मविश्वास पैदा हो गया है, कि दुश्यंत की तरह 'भव हृदय साभिलाषं' के बाद तो अग्नि हो तो क्या, उसे भी छूने का उत्साह पैदा हो जाता है! कैसे भी क्यों न हो, बाबू बालमुकुंद गुप्त की अप्रकाशित डायरी - पूरी - मुझे मिलनी ही चाहिए, ताकि उसे प्रकशित कराया जाए।

मैंने दिवंगत गुप्त जी के सुपुत्र रमन प्रसाद गुप्त से संपर्क साधा। सन् ९४ में कलकत्ता दोबारा गया। बड़ा बाज़ार में गुप्त जी की आढ़ती दूकान पर जाकर उनसे मिला। पता चला कि बालमुकुंद जी की सारी सामग्री झाबरमल्ल जी को सौंप दी गई थी। उनका तो देहांत हो चुका है। दिल्ली, शाहदरा, में परमेश्वरीलाल जी के नाती लक्ष्मणदास गुप्त रहते हैं। पास ही में झाबरमल्ल जी के पुत्र श्यामसुंदर शर्मा। उनसे आपको सब कागज़ात मिल जाएँगे।

कोई २५ बरस बाद शाहदरा गया, तिपहिये पर। भीड़ बढ़ गई थी, और नक्शा तो पहले का-सा ही था! मैं अपने साथ ले गया था, हिंदी पुस्तकों के एक ख्यात प्रकाशक महोदय को!

लक्ष्मणदास जी ने हमारी भरपूर ख़ातिर की। कुछ देर बाद उन्होंने नौकर भेजकर श्यामसुंदर शर्मा जी को बुलवा लिया। शर्मा जी कुछ दबे-दबे से नज़र आए - हो सकता है, गुप्त जी के यहाँ पहली बार जाने के सबब। मैंने बालमुकुंद जी के लेख की चर्चा चलाई तो शर्मा जी ने कहा, "वह सामग्री समय आने पर उपयुक्त प्रकाशक को दे दी जाएगी।"

लौटते हुए मैंने प्रकाशक जी को समझाया, "मैं तो परसों लौट जाऊँगा जापान, अब आप इनका पीछा न छोड़ें।"

इसके बाद (अर्थात् जनवरी ९४ के बाद!) श्यामसुंदर जी से वह एक बार भी न मिले! मैंने जाना, यह है हिंदी का प्रकाशक सिंह, जो निद्रावस्था में मुँह खुला रह जाने पर मुँह में चूहे के आ गिरने पर मुँह बंद कर लेता है! इसका कार्य-व्यापार बस इतना ही है!

मुझे याद हैं ये शब्द, "अच्छा लेखक मरते हुए शब्दों को फिर से चलन में लौटा ला सकता है" एक सौ साल पुराने ये शब्द हैं बालकृष्ण भट्ट के - और एक सौ बरस बाद लीलाधर जगूड़ी भी यही बात दुहरा रहे हैं, "कोई भी गद्य तभी साहित्य बनता है जब उसमें कविता का 'एसेंस' हो।"

मैं यह नहीं मानता कि हिंदी भाषा में अर्थी स्फीति आने का कारण अँग्रेज़ी भाषा की धौंस या कि टी वी सिनेमा का धुआँधार प्रचार है। यह तो हिंदी की संस्कारहीनता और हिंदी भाषियों की मानसिक

काहिलियत का नतीजा है। संस्कारवान् लेखक सान पर चढ़ाकर धार देते, ओपयुक्त करते हैं, भाषा को। इसके कुछ नमूने बाबू बालमुकुंद गुप्त की **भाषा की अनस्थिरता** शीर्षक लेखमाला से देखें -

हमारे द्विवेदीजी दो कदम चलकर ही फिसलंत फरमाते हैं। सुनिये - "मनुष्य और पशु-पक्षी आदि की उम्र देश, काल, अवस्था और शरीर-बंधनके अनुसार जुदा-जुदा होती है।" कोई पूछे कि जनाब व्याकरण-वीर साहब, उम्र जुदा-जुदा होती है, या उम्रें जुदा-जुदा होती हैं? जुदा-जुदा होती है कि-न्यूनाधिक होती है? क्या आपकी व्याकरणदानी की इज्जत रखने के लिए बेचारी उम्र के टुकड़े कर दिये जाते हैं।

आप फरमाते हैं - "जिस तरह मनुष्य, पशु, पक्षी, वृक्ष और लता आदि की उत्पत्ति, वृद्धि और विनाश होता है, उसी तरह भाषा का भी होता है।" क्या होता है? विनाश? क्योंकि आपकी उत्पत्ति और बुद्धि को तो आपका 'होता' लातें मार-मारकर भगाता और आपकी व्याकरणदानीकी ओढ़नी उतारे लेता है। सचमुच, जिस भाषा के ठेकेदार आप जैसे घरघमंडी हों, उस अभागी का विनाशही होता है।

"भाषाको स्थिरता आ जाती है।" की जगह "भाषामें स्थिरता आ जाती है" - चाहिये। स्थिरता कुछ नींद नहीं है, जो भाषा को आवे।

संभव है, बाबू हरिश्चंद्र ने इस वाक्यको (नहीं-नहीं,

> यह वाक्य कहिये, फिर वही 'को'!) ठीक लिखा हो, पर (कतर डालिये) छापेवालों की असावधानीसे यह त्रुटियाँ रह गई हों।

आलोच्य अंशों में द्विवेदी जी की भाषा पर ध्यान दें, सेर भर शब्द, दाने छँटाक भर भी नहीं! तुलना करें गुप्त जी की सीधी बोलचाल की शैली से!

मैं बालमुकुंद गुप्त की डायरी के कुछ अंश पढ़ने के बाद क्यों उसे पूरी पाने के लिए जापान से कलकत्ता और शहादरा तक धाय-धूपता रहा? क्योंकि मेरे मन में यह अभिलाषा पैदा हुई कि जैसे मैंने 'उमराउकोश', श्रीपति मिश्र, देव और बिहारीदास की सड़ी हुई लाशें मुर्दाघर से निकाल-निकाल एक-एक को जिलाकर खड़ा किया, बालकृष्ण भट्ट और बाबू बालमुकुंद गुप्त को भी बचा सकूँगा। नहीं, मैं धूल की रस्सी बट रहा था! अब तो इसे भी बीस साल बीतते हैं! कबाड़ी बालमुकुंद गुप्त की अप्रकाशित डायरी की कापियाँ रद्दी अखबार से साथ तौलकर ले गया होगा! हिंदी तो एक अरब रुपए लेकर संयुक्त राष्ट्र संघ में प्रतिष्ठित हुआ ही चाहती है!

हरिश्चंद्र मैगज़ीन वापस न लौटेगी, बालमुकुंद गुप्त की 'डायरी' भी लोप कर गई!

सारी अँतड़ियाँ टुकड़े-टुकड़े होकर आसमान के काले पेट में तैरती हुई, देख रहा हूँ मैं!

*

नागरी की वर्णमाला

एक मनोरंजक पड़ताल का प्रस्ताव करने की ढिठाई कर रहा हूँ!

चोटी के हिंदी विद्वानों, लेखकों, प्राध्यापकों से सहयोग की प्रार्थना कर उन्हें तहबंद चिट दें, जिसमें यह प्रश्न लिखा हो, 'देवनागरी लिपि : स्वरों की संख्या – व्यंजनों की संख्या ' उत्तर लिखवाकर उन्हें धन्यवाद देते हुए, चिटें वापस ले लें। उत्तरों का तुलनात्मक परिणाम देखकर दूसरे किसी को भले ही अचंभा हो, मुझे न होगा! यह परीक्षण इस लिए कि इसी में हिंदी नाम की भाषा का सारा भाग्य छिपा हुआ है।

बात थोड़ा पीछे से शुरू करनी होगी!

एम ए करने के बाद मैंने अपना मन टटोला तो पाया कि एक अध्यापकी छोड़ कोई दूसरी आजीविका मेरे लिए है ही नहीं! भले किसी युनिवर्सिटी मे नहीं, तो डिग्री कालेज ही में सही। गुरुदेव के पास प्रार्थना करने गया तो उन्होंने एक चिट पर रीसर्च का विषय लिखकर मुझे पकड़ा दिया, 'देव के लक्षण ग्रंथों का पाठ' - यह कहते हुए (गनीमत, कि अँग्रेज़ी में, फ्रेंच में नहीं, क्योंकि पढ़े वह सोर्बोन, पेरिस, के थे!) कि 'मैं जानता हूँ विषय कठिन है, पर तुम कर सकते हो!'

मैं बैल की तरह सिर झुकाकर कोल्हू के नीचे लग गया। काम आदि से अंत तक केवल हस्तलेखों ही का! बनारस से लेकर बीकानेर तक, शहर कम, अधिकतर गाँव, जहाँ भी देव के किसी ग्रंथ की पुरानी पोथी होने की सूचना होती वहाँ जाता। कहीं स्वागत होता, कहीं दुरदुरा दिया जाता। तब डिजिटल कैमरा तो युगों दूर, ज़िराक्स मशीन तक न बनी थी। हाथ से पाठ-पाटांतर टीपता। एक-एक जगह हफ़्ता-दस दिन लग ही जाता! राम-राम कर थिसिस टाइप कराने लायक हुई। पाठ में वैसी ही वर्तनी मैंने रखी थी, जैसी मुझे पोथियों में मिली थी।

मुझे थोड़ा अचंभा तो हुआ था कि पुराने काव्य की जो वर्तनी मुझे तब तक पढ़ाई गई थी, वह तो किसी पोथी में थी ही नहीं! 'मुख' नहीं 'मुष', 'चढ़ि' के स्थान पर 'चढि'; चंद्र बिंदु के दर्शन ही न होते, कहीं-कहीं तो अनुस्वार बिंदु तक ग़ायब - यही मैंने रखी थी। गुरुदेव से पूछने पर उन्होंने कहा, "बताते हैं, ईश्वरचंद्र विद्यासागर ने बंगला वर्णमाला में नीचे बिंदी लगाकर 'ड़' और 'ढ़' का चलन चलाया।" (दे० 'हिंदी साहित्य का बृहत् इतिहास - भाग २, पृ० ५१-५२)

मुझसे अग्रज एक गुरुभाई ने मुझे अलग ले जाकर कहा, "अपने पैर में कुल्हाड़ी मारने की मंशा हो तो बात अलग है, वर्ना फालतू अक्ल मत दिखाओ!" मैं उनका इशारा झट समझ गया - उसी हिंदी विभाग में मुझे अस्थायी लेक्चरर रखा था गुरुदेव ने! याद है मुझे, हाथ से लिखे हुए एक हज़ार पन्नों के मसौदे को शोधने में दो-तीन माह लग गए थे! देव पर ९०० टाइप किए हुए पन्ने की थिसिस में वैसी ही नागरी वर्तनी है, जैसी मेरे गुरुजनों ने मुझे सिखलाई थी! ठीक वैसी ही जैसी हमें कक्षा में पढ़ाई गई तुलसीदास, सूरदास, मतिराम, सेनापति आदि की संपादित ग्रंथावलियों में है! मेरी थिसिस पास हो गई, स्थायी नौकरी भी मिल गई (दूसरी युनिवर्सिटी में!) थिसिस का आधा भाग पुस्तक के रूप में प्रकाशित भी हो गया!

जापान की एक युनिवर्सिटी से न्योता पाकर मैं यहाँ आया, हाथ में अकेला सूटकेस लेकर। पालम पर उसकी जाँच करने वाले पुलिस अधिकारी ने मेरा खुला सूटकेस यों ही टटोलने के बाद मेरा चेहरा ग़ौर से देखा - सूटकेस में मेरे दो जोड़ा कपड़ों के अलावा ९०० पन्ने की टाइप की हुई मोटी थिसिस थी!

एक-दो साल अपना मन यहाँ जमाने में लगे, फिर प्रकाशक के आग्रह करने पर, पुस्तक का उत्तरार्ध भाग छपाने के लिए दुहराने लगा। मन में पश्चात्ताप कसकता रहा, कि मैं सच न बोला - स्वयं से! मगर 'सच' था क्या, मैं तब यह भी न जानता था! गुरुदेव को दोष न दूँगा - उनके अध्यापकों ने उन्हें भी बताया होगा, कि सुनते हैं ईश्वरचंद्र विद्यासागर - आदि!

कह सकते हैं कि प्रायश्चित्त करने के लिए मैंने संपूर्ण देवकाव्य का संपादन करने का निश्चय किया। सन् १६५० के करीब इटावा में जन्मे हुए इस कवि का जितना बड़ा काव्य शरीर है, उतना तुलसीदास का भी नहीं! १८ बड़े-छोटे ग्रंथों में, ६४०० छंद, कुल शब्द संख्या २ लाख ६ हज़ार!

गुरुदेव स्मृतिशेष हो चुके थे; मुझे स्वयंशिक्षक के साथ-साथ स्वयंपरीक्षक बनना पड़ा - दोनों ही कठोर! खोजी व्यक्ति जैसा एकाकी और दूसरा कोई नहीं होता - और उसके समान साहसिक भी, जो 'नास्त्यत्र सन्देह' कहकर तब अगला चरण आगे रखता है! 'मरजीवा' की भाँति, जायसी के शब्दों में, 'जो सत हिए तो नैनन दिया। समुंद न डरै पैठि मरजिया!' सच कहूँ तो मुझे एकदम नए सिरे से काम करना पड़ा - उसी स्थल से जहाँ मेरे मन में कोई १० बरस पहले शंका पैदा हुई थी! ठीक उन्हीं अक्षरों को लेकर!

विस्तार में गए विना, निष्कर्ष ही बता रहा हूँ। नागरी में स्वरों की गणना अ आ से लेकर अं अः तक ही होती है न! संख्या में ये बारह ही हैं न, जिसे बारहखड़ी कहते हैं! तब, बीच में 'अँ' घुसेड़ देने से यह तेरहखड़ी कैसे! इसी प्रकार ककहरा की भी बारहखड़ी बनती है

न! क का - कं कः! इसमें 'कँ' कैसे आ गया!

उच्चारण को छोड़ें, अनुस्वार का चंद्र बिंदु, अर्थात् चाँद-तारा, संस्कृत, पालि, प्राकृत, अपभ्रंश से लेकर भारतेंदु से पूर्व भाषा में कहीं नहीं नज़र आता, फिर यह अचानक कैसे प्रगट हो गया! सुनते हैं कि प्रोफ़ेसर विल्सन ने - यह जवाब किसी और को सुनाइए, मैं इसे नहीं सुनना चाहता। इसी प्रकार 'ड़' और 'ढ़' मुझे सन् १८५० तक के किसी भी हस्तलेख में न मिले, तो फिर ये लिपिचिह्न आए कहाँ से!

उन दिनों की अपनी मनःस्थिति की क्या कहूँ - 'गुज़रती है आदमी पर यास में हमदम, सिवा ख़ुदा के किसी को ख़बर नहीं होती!'

बहुत पुरानी बात हुई, ठीक प्रसंग याद नहीं रहा। जाड़े की रात डेढ़ से ऊपर हो गया, पिछले कई दिनों से एक गुत्थी सुलझाए नहीं सुलझ रही थी - वह न मुझे चैन लेने दे और न मैं उसे छोड़ूँ! जटिल दूरान्वय था, फ़ारसी लिपि की छाँह में। खिसियानी हँसी के साथ मैं बोला, "देव ससुर, अगर हम मर जाबै तो तुमहूँ मर जाबो - समझेओ?"

देव को दर किनारे कर मैं इमला की जाँच करने लगा। मेरे परम सौभाग्य से युनिवर्सिटी के उर्दू विभाग में एक युवा अध्यापक नए-नए नियुक्त हुए थे - वह उर्दू के इतिहास पर काम करते आ रहे थे। मुझे इस बात की जानकारी न थी। एक रोज़ यों ही बातों-बातों में उन्होंने कहा, "उर्दू के पुराने क़ातिब 'रे' के ऊपर चार बिंदी लगाकर 'ड़े' का उच्चारण प्रगट करते थे। पुरानी हिंदी में कैसे करते थे?"

मेरी आँखों के सामने एक दृश्य तैर गया! संसार में समुद्र के नीचे

से जाने वाली सबसे लंबी सुरंग, सेइकान् टनेल, खोदने वाली कंपनी के इंजीनियरों को जापान में 'टनेल मैन' कहा जाता है। दो ओर से यह सुरंग खोदते हुए जब बीच का चट्टानी परादा उड़ाने के बाद दोनों दल मिले तो सब गलों में उन सहयोगियों के फ़ोटो लटकाए हुए थे, जिन्होंने निर्माण कार्य के दौरान दुर्घटनाओं में जानें गँवाई थीं! हम दोनों भी पुरानी हिंदी और उर्दू की वर्तनी के एक ही पर्वत में सुरंग खोदते हुए बीच में आ मिले थे!

खोजते-खोजते मुझे कानाडा की एक युनिवर्सिटी में - नाम भूल रहा हूँ - जॉन गिलक्रिस्ट की सन् १८०२ में कलकत्ते से प्रकाशित पुस्तक मिल गई - 'हिंदोस्तानी ओर्दू की पुस्तक'! गिलक्रिस्ट ने ईस्ट इंडिया कंपनी के रंगरूटों को स्थानीय भाषाएँ सिखलाने के लिए लिखी थी! फ़ोर्ट विलियम कालेज में वह महज़ चार साल रहे थे! यही चार्ट अप्रैल १५, १८७४ की **हरिश्चंद्र मैगज़ीन** में भारतेंदु ने छापा है।

प्रो० यामाने को यह - और इमला पर दूसरी सामग्री - ब्रिटिश म्यूज़ियम लाइब्रेरी में मिली। डिजिटल कैमरे से भी उसका फ़ोटो लेने की मनाही होने से उन्होंने वहीं बैठकर कोई एक माह में सौ-एक पत्रे अपने हाथ से उतारे!

लौकिक नाते-रिश्ते से वह मेरे पौत्र-छात्र लगते हैं, मगर 'गुणी गुणीषु न लिङ्गम न वयः', गुणी की परख उसके गुण से होती है, उम्र के हिसाब से या कि मर्द-औरत होने के बिना पर नहीं - मैं उन्हें समकक्ष से ऊपर मानता हूँ! हम हिंदी-उर्दू की पुरानी वर्तनी पर जानकारी का आपस में बँटवारा, लूटा हुआ ख़ज़ाना आपस में बाँटने की तरह करते हैं!

अनुनासिक के लिए चंद्र बिंदु (ँ) देवनागरी का नया चिह्न है, जो उर्दू में फ़ारसी के नून गुन्ना ں की नक़ल है - गुन्ना का शब्दार्थ ही है 'नकियाना'! पहले तो 'चंद्र बिंदु' का शब्दार्थ स्पष्ट होना चाहिए - यह 'चंद्रबिंदु' (०) शून्य का गोल बिंदु है कि 'चंद्र बिंदु', अर्धचंद्र और उसके ऊपर बिंदी ن - जैसा चिह्न पाकिस्तानी झंडे पर है! बिंदी का लिपिचिह्न भारत की किसी और लिपि में नहीं है! हिंदी-उर्दू में दोनों का चलन लगभग एक साथ, सन् १८०० के आगे-पीछे हुआ। उच्चारण लिखने के लिए लिपिचिह्न बनाए जाते हैं - नकियाता उच्चारण, ज़ुकाम होने पर नकियाने के समान, हिंदी क्षेत्र के पूर्वी भाग के निवासियों के गले में स्वर यंत्र में बदलाव होने से हुआ। भूँख, बेंचना, डाँकू जैसे शब्दों पर ध्यान दें।

'ड़' 'ढ़' उच्चारण भी इसी शिथिलता के सबब - लिपिचिह्न नीचे की बिंदी फ़ारसी से लेकर। फ़ारसी लिपि में लिखी जाने से उर्दू में पहले ही कई चिह्नों का टोटा पड़ा था। एक तो दोचश्मी हे ھ के न होने से 'ख' 'घ' जैसी महाप्राण ध्वनियों को प्रगट ही नहीं किया जा सकता था! जैसे कि 'राधा' के लिए رادہا (= 'रादहा'!) हमारे सौ पीछे पचास शब्द तो इतने ही से मर जाते थे!

इसी प्रकार फ़ारसी में 'ट' न होने से उर्दू में 'ते' ت के ऊपर, शुरू शुरू में दो बेड़ी पाई के नीचे दो बिंदी, फिर चार बिंदियाँ! मेरा ऐसा मानना है कि वर्तमान उर्दू का 'टे' ٹ ऊपर 'तोय' ط लगाकर गढ़ा गया है! और यही 'डाल' ڈ पर। फलाँ ने कहा जैसी अटकल नहीं, इन मौलिक प्रश्नों पर गहराई में जाकर जाँच करनी चाहिए थी! क्यों गिलक्रिष्ट ने यह काम किया, हममें से किसी से क्यों

न हो सका!

देश-समाज हो कि भाषा, इनके माता-पिता नहीं हुआ करते! होते हैं कुछ लोग जो इन्हें सजा सँवार जाते हैं, और कुछ ऐसे जो इन पर लीद कर जाते हैं!

*

ख

आधी सदी से अधिक पुराना वाकया है। हिंदू युनिवर्सिटी में हम उस बँगले में रहते थे, जो अब मालवीय भवन नामक स्मारक है। पितामह के देहांत के बाद वह खाली घर काटने लगा तो मेरे पाता-पिता और किशोर वय मैं पड़ोस के सीता निवास में रहने लगे। मेरे चाचा पं० गोविंद मालवीय हाल ही में लंबी क़ैद काटकर बाहर आए थे और नव संगठित संविधान सभा के सदस्य, प्रायः दिल्ली रहते थे।

जिस सुबह वह सपरिवार आने को थे, मेरी माता ने उसके पहले की शाम उपले की हल्की आँच वाले चूल्हे पर कोई ५ सेर घर का दूध चढ़ाकर जाली से ढक दिया और रसोई बंद कर दी। एक पानी भरी बाल्टी में एक सौ के करीब देसी आम - कि दुलारे (और असमान्य रूप से भोजन-भट्ट!) देवर को सुबह-सुबह कलेवा तैयार मिले। अकेले घर में ताला लगाकर वह चली आईं।

सुबह की ट्रेन से उतरकर चाचा ने घर के भीतर पैर रखा - भीतर के वीभत्स दृश्य का बयान करना कठिन है!

रात को गोशाला की नीची छत पर चढ़कर घर में चोर घुसे - शायद दो या तीन चोर! निर्जन घर, कोई जल्दी तो उन्हे थी नहीं! नीचे और ऊपर के सारे कमरे ढूँढ़ डाले - मगर वहाँ चुराने लायक

कुछ था ही नहीं!

हाँ, रसोई में उन्हें रात भर का औटाया हुआ दूध मिला - और एक बाल्टी भर आम! आम की गुठलियाँ घर भर में फेंकी हुई मिलीं! और पेट चलने का परिणाम, कमरे-कमरे में पतला दस्त! दुष्टों ने रसोईघर तक को न छोड़ा - चूल्हा तक बिगाड़ गए! सारा दिन लग गया, माली और नौकर को घर धोते-धोते!

वही उच्चकोटि का अशिक्षित और दुष्ट चोर नागरी के वर्णमाला मंदिर में घुसकर, जब चुराने को कुछ न मिला तो अकेले एक अक्षर 'ख' को भ्रष्ट कर भाग गया! 'ख' के समान 'ग' अक्षर में भी दो अंग हैं मगर बेचारा 'ख' ऐसा है कि इसे झटका हलाल की गई मुर्गी के समान दो टुकड़े किया जा सकता है! सो इसकी दुम को दूसरे अंग के पेट में घुसेड़कर बाँध दिया गया, 'सियामी ट्विंस' की भाँति! 'ख'!

इस शोधन के लिए तर्क यह दिया गया कि 'ख' में 'र व' का दृष्टिभ्रम होने से ट्रेन-भिड़ंत जैसी घातक दुर्घटना हो सकती है - उसे रोकने लिए! जैसे कि 'खेल' को 'र वेल', 'औरत खड़ी है' को औरत रवड़ी है' आदि न पढ़ दिया जाए! देवनागरी के समान घटिया वर्णमाला संसार में दूसरी न होगी! ध - घ, थ - य, भ - म, सब में दृष्टि भ्रम हो सकता है। इन्हें खींच-तानकर न सुधारा गया, चोर केवल 'ख' को बिगाड़कर चलता बना। देवनागरी लिपि उपयोग में लाने वाले सारे हिंदी लेखकों, पत्रकारों आदि - यहाँ तक कि उत्तर भारत की साक्षर जनसंख्या ने - महाराष्ट्र तक को सम्मिलित करते हुए - 'ख' के पोलियो ग्रस्त पुनर्जन्म को स्वीकार कर लिया इस

लिए मैं सब से नम्रशिरसा अनुरोध करता हूँ कि 'ख' आदि, 'ख' मध्य और 'ख' अंत वाले (जैसे कि 'खड़ा', 'रखना' और 'देखा') २५-२५ ऐसे शब्दों की सूची बना दें जिन्हें 'र व' पढ़ने से हिंदी या उसकी बोलियों तक में कोई संगत अर्थ भी निकलता हो। यह 'असल बाप के' या कि 'माँ के दूध' की कसम दिलाए बिना सादा अनुरोध ही है! जल्दी न करें, खूब समय लगाकर मनन करें।

इसके पीछे जो भारी उद्देश्य छिपा हुआ है, उसकी चर्चा बाद में, पहले यह देखें कि एक झटके में इसने कितनी व्यापक 'क्रांति' कर डाली है!

महाभारत का प्रसिद्ध प्रसंग है, यक्ष-युधिष्ठिर संवाद! जलाशय का स्वामी यक्ष प्रश्न करता है, पानी लेने को आए युधिष्ठिर उत्तर देते हैं। "पृथ्वी से भारी क्या है? आकाश से ऊँचा कौन है?" (किंस्विद्गुरुतरं भूमेः किंस्विदुच्चतरं च खात्) युधिष्ठिर कहते हैं, "माता पृथ्वी से अधिक भारी है। पिता आकाश से अधिक ऊँचा है।" (माता गुरुतरा भूमेः खात् पितोच्चतरस्तथा) - अब से 'खात्' अर्थात् आकाश को 'र वात्' पढ़ा जाएगा! हिंदी, संस्कृत, फ़ारसी किसी में 'र वात्' का कोई अर्थ ही नहीं! पाणिनि के अनेक सूत्रों में आया हुआ 'ख' का अब 'र व' पाठ होगा! अब तक का हज़ारों साल का हस्तलिखित और प्रकाशित साहित्य भ्रष्ट रूप में पढ़ा जाएगा! अतीत और वर्तमान ही नहीं, भविष्य में भी अब इसे पलटा न जा सकेगा। जो थोड़ी-बहुत सामग्री हिंदी में इंटरनेट पर आ गई है, वे भी अब कभी सुधारी न जा सकेंगी! एक सौ साल पुराने बोथलिंक, मोनियर विलियम आदि के शब्दकोश तक को यही 'ख' केकड़े की तरह जकड़े रहेगा!

दूर जापान में कोया पर्वत पर 'ओकुनो इन' नाम का सन् ८१६ में स्थापित विशाल मंदिर शिंगोन बौद्ध धर्म का प्रधान केंद्र है! (इसे ओकुनो इन के नाम से यू ट्यूब पर देखा जा सकता है।) यहाँ की संध्या आरती में १० हज़ार दीप जलाए जाते हैं। राहुल जी जापान आए थे तब इस मंदिर में कुछ माह ठहरे थे।

मंदिर के चारों ओर घना जंगल है - और उसमें २ लाख से अधिक समाधियाँ हैं। साधारण, अनाम जन से लेकर सामुराई तानाशाहों तक की। इनमें से कई तो एक हज़ार बरस पुरानी। हर समाधि के सिरहाने तर-ऊपर पत्थर के पाँच टुकड़े (पंच तत्वों के प्रतीक) रखे हुए हैं - हर एक पर 'सित्तन मोजि' (सिद्धाक्षर = नागरी) का एक प्रतीकाक्षर उकेरा हुआ है! सबसे ऊपर वाले तिकोने प्रस्तर पर आकाश का द्योतक 'ख'!

सभी दूरियों को लाँघकर जापान में जड़ जमाए हुए पवित्र समाधि स्थलों पर अंकित नागरी 'सिद्धाक्षर' को लांछित किया, हमारे अविचारित कर्म ने!

चोर वही है और वह मंदिर में पहली बार नहीं घुसा है!

याद करें, हिंदी वर्धा में बरदाई गई थी, मूल स्वरों के (वे ही जो 'सिद्धांतकौमुदी' के पहले सूत्र में हैं!) ऊपर नीचे अगल बगल से मात्राएँ घुसेड़कर उनका सामूहिक बलात्कार करते हुए!

याद करें, यू पी के संपूर्णानंदी काल में 'इ' 'ई' की ऐसी कतरी हुई मात्राएँ लगाई गई थीं कि आतशी शीशे से देखे बिना अंतर समझ ही में न आए!

हिंदी ही के साथ ऐसा सलूक क्यों होता है? क्योंकि हिंदी वह गरीब

की जोरू है, जिसका स्वेच्छा भोग करने का अधिकार सत्ता-स्वामी को है! क्योंकि इससे वह जताता है कि हिंदी की हैसियत क्या है, आगे भी सदा क्या रहेगी!

*

मिले काबानशीं तो कहूँ उससे दर्दे दिल!

बड़े ही भयावह दुःस्वप्न के दृश्य-सा दिखलाई देता है, गिरगिट के गहरे पेट में टुकड़े-टुकड़े होकर तैरती हुई अँतड़ियाँ भाषा की, वहाँ!

अनंत बियाबान में दूर-दूर पर अकेले-अकेले पेड़, रेंड़ के! खुले घाव जैसे खूनी, दुर्गंधित फूल! जहाँ और कोई दूसरी वनस्पति नहीं उत्पन्न होती, वहाँ इसी को 'वृक्ष' कहा जाता है – निरस्त पादपेदेशे एरण्ड द्रुमायते!

सोचता हूँ, अब भी क्या वहाँ तुलसी की रामायण का कोई भीगे कंठस्वर में पाठ करता होगा!

पदकमल धोइ चढाइ नाव, न नाथ उतराई चहौं। मोहि राम राउरि आन दसरथ सपथ सब साची कहौं॥

राग आसावरी में कबीर - ***कर ले सिंगार चतुर अलवेली***! इसे गाते-गाते मेरी माता रोती जाती थी! विष्णु दिगंबर जी ने सिखाया था, प्रार्थना समाज, बंबई में! ***चार जने मिलि डोलिया सजावै, अपना बिराना छूटो जाय***! -

रही होगी बेटे-बहू के विछोह की मारी कोई दूसरी माँ, आँसुओं से भीगे इस गीत को गाने वाली -

राम क भीजै मुकुटवा लखन सिर पटुका, मोरि सीता क भीजै सेंदुरवा, लउटि घर आवउ

कहाँ चले गए, तुम सब, हमें बिना जल के सरोवर में छोड़कर! ***सर सूखे पंछी उड़े औरै ठौर समाहि। दीन हीन बिनु पंख की कहि रहीम कहँ जाहिं!***

मैं तो तंदूरी मुर्गी हूँ यार! गटक ले सैयाँ अलकोहाल से! मीरा बाई का यह भजन सुना है न? कौन से राग में इसकी बंदिश बाँधूँ! राग दीपक में? मौलश्री और कदंब के वन ऐसे ही सूख जाते हैं - और उग आते हैं, खूनी फूलों वाले रेंड़!

इस मीरा को जीती-जागती मैंने कभी देखा नहीं। हाँ, इसके पूर्वजों के बारे में जानता हूँ। ये लोग गुजराँवाला के थे - गुरुद्वारा चक्की साहब के निकट रहते थे। दो भाइयों में से एक मुसलमान हो गया, दूसरा अपने धर्म पर कायम रहा। वाद में देश विभाजन के समय उसके खान्दान के लोग भागकर बंबई आ बसे।

सन् ४८ - ४९ की बात होगी, वहाँ मैं इसके एक पूर्वज बुज़ुर्ग से उनके दफ़्तर में मिला हूँ। मेरे एक संबंधी थे, काशीनाथ मालवीय। 'निराला' के पहले 'समन्वय' के संपादक थे वह। बंबई रहते थे। वह मुझे साथ ले गए थे। अँधेरी की ओर। बुज़ुर्ग ने हमें 'गद्दार' नाटक के अगले शो के लिए दो टिकट भेंट किए थे। शाम को स्टेज पर उन्हीं पुरुष को अभिनेता के रूप में देखकर मुझे बड़ा अचरज हुआ था। उनके खान्दान में यह पैदा हुई! छिः! इसकी माँ ने इसे सिर्फ़ कोख से उगल भर दिया, यह सही करीना न सिखाया कि मुर्गी नहीं होती, लड़की। भगवान तक को उसकी मान-मर्यादा को हाथ लगाने की छूट नहीं!

सूर स्याम उर ते कर टारहु, टूटत मोतिन माला!
हाँसी में हार हरौ रसखानि, जु जो कहुँ नैकु तगा टुटि

जैहै। एकही मोती के मोल लला, सिगरे ब्रज हाटक-हाट बिकैहै!

कहाँ चले गए ये सारे पंछी, छोड़-छोड़कर! ये 'पंछी' अब लौटकर कभी न आएँगे!

लड़की बहू बनती है, माँ होती है, धरती के समान! पैरों में सोने की ज़ूतियाँ चढ़ा लेने से कोई बड़ा थोड़े ही हो जाता है - एक मामूली तवायफ़ भी इस बात को जानती है!

क्या कभी याद आती है, उस 'लड़की' की, जिसे वाकई लोहे के राड से कोंच-कोंचकर तंदूर में पकाने के लिए तैयार किया गया?

ढेरों पुराने साहित्य का अब इतना थोड़ा-सा हिस्सा बच रहा कि वह एक छोटी अलमारी के एक दर पर आ जाएगा! नहीं, जिसके पास अतीत का कुछ भी न रहा, उसका कोई भविष्य हो ही नहीं सकता!

कुछ समय पहले दिल्ली के एक युवक श्री तनेजा क्योतो में मेरे घर आकर ठहरे थे। माता उनकी पेशावर में जन्मी थीं, भाई-भौजाई दिल्ली में। घर में वे लोग पंजाबी और हिंदी मिला-जुलाकर बोलते है। तनेजा बी काम पास, दिल्ली की एक कंपनी में जापानी भाषा के अनुवादक हैं।

मैंने हिंदी की परख करने के इरादे से उन्हें पाँच पुस्तकें पढ़ने को दीं लेखक का नाम छिपाने के लिए जिल्दों पर बेठन चढ़ाकर। ऐसा करना चाहिए न था, क्योंकि हिंदी की एक भी पुस्तक उन्होंने इससे पहले पढ़ी न थी! पहली, एक कविता पढ़ते हुए वह बोले, "ये कहना क्या चाहते हैं, मेरी समझ में नहीं आता।" दूसरा था उपन्यास, देखकर लगा, मन उनका रम रहा है, वह जैसे कि खुद से बुदबुदाए, "लाइफ़

की रियैलिटी है इसमें – जैसी टीवी पर भी दिखाई जाती है – लाइफ़ – जो हम फ़िल्म में ...” अगली, एक हिंदी कहानी में आए कई शब्दों के अर्थ तनेजा को मालूम न थे, एक शब्द ‘मादरज़ाद’ के लिए उन्होंने कहा, “गंदी गाली है यह।” ‘नंबर वन’ लगी उन्हें एक मराठी लेखक का उन्हीं के द्वारा किया गया हिंदी अनुवाद। रात सोने जा रहे थे तो पढ़ने के लिए उन्होंने मुझसे यह उपन्यास माँगा।

यह देखते हुए इस बात की गहराई से छानबीन होनी चाहिए कि दिल्ली में पले-पुसे एक युवक को हिंदी कविता समझ में क्यों न आई, हिंदी के कैसे उपन्यास में ‘लाइफ़’ उतरी हुई दिखलाई दी और सर्वोपरि, मराठी लेखक द्वारा हिंदी में अनूदित उपन्यास ऐसा किस कारण लगा कि उसने इसे दोबारा पढ़ने को माँगा? इन बातों की गहराई से जाँच वैसे ही होनी चाहिए जैसे अल्ज़हाइमर रोग का उपचार खोजने के लिए अनेक देशों के वैज्ञानिक DNA के विश्लेषण में जुटे हुए हैं!

क्या किसी ने विचार किया है – विशेषतः काशीवासियों में से किसी ने – कि मुहम्मद गोरी हो कि औरंगज़ेब, सीधे काशी ही पर वह क्यों चढ़ दौड़ता था? क्या कारण है कि २५०० वर्ष पहले बुद्ध ने धर्म प्रवर्तन बोधि वृक्ष के नीचे न कर काशी इसिपत्तन (सारनाथ) में आकर किया? माँगने पर हिंदू विश्वविद्यालय के लिए भूमि दरभंगा में भी मिल जाती मगर संस्थापक ने काशी ही को क्यों चुना? क्योंकि एक काशी ही में जैसे महाश्मशान की अग्नि कई हज़ार साल से नहीं बुझी, वैसे ही वहाँ के पांडित्य में वह फक्कड़ मस्ती थी, जो शब्द को औजार और हथियार में बदल देती थी। उसी काशी पर इससे अधिक क्रूर व्यंग्य क्या हो सकता है कि पाणिनि के सूत्रों पर किए गए जिन संशोधनों

को 'काशिका' कहा जाता था, अब वही 'काशिका' बनारस में एक होटल का नाम है!

उधर मैं, अब की मौखिक और मुद्रित हिंदी पढ़ता हूँ तो मुझे उसमें डेंगू जैसे तमाम संक्रामक रोगों के कीटाणु भाषा में, वाक्यांशों के बीच, कहीं कई शब्दों के ऊपर-नीचे तो कहीं वाक्य के शीर्ष पर कलमलाते नज़र आते हैं! मैं पागल तो नहीं हो गया हूँ कि दूसरों को अदृश्य मनुष्य मुझे चलते-फिरते दिखलाई देते हैं!

मीन-मेख निकालने के इरादे से नहीं, केवल मिसाल के तौर पर कुछ वाक्य दे रहा हूँ - लेखक के नाम का उल्लेख किए बिना -

> उसे फिर याद करता हूँ तो वैसा ही लगता है, जैसे जब उससे विदाई ली थी।
>
> इससे पहले मैं भूल जाऊँ, मुझे गाँव के बारे में कहना चाहिए, जहाँ मैं गया था।
>
> लेकिन दूसरे ही क्षण मुझे लगा मैं कितना गलत था।

अर्थ की दृष्टि से अंतिम वाक्य से अधिक पारदर्शी हिंदी का कोई दूसरा वाक्य हाल के दिनों में मेरे पढ़ने में नहीं आया!

"But the next moment I realized I how wrong was."

फिर भी यह कहना कि इनका लेखक सोच तो रहा है अँग्रेज़ी में और लिख रहा है हिंदी में, सरासर भूल है! इस बात की अगर जाँच करना चाहें तो यही एक वाक्य जालंधर से लेकर मुर्शिदाबाद और नागपुर तक किसी भी व्यक्ति के आगे दुहराइए - और इस वाक्य का आशय उससे पूछिए, (पिंट जाने से अपना बचाव अगर खुद करने में असमर्थ हों तो एक-दो तगड़े मर्द साथ लेना न भूलें!) इसका लेखक (या लेखिका)

के सिर पर एक बड़ा चुंबकदार हेल्मेट चढ़ा हुआ है, उसकी शक्ति से पंगु हो यह 'ततो वाचाभिधीयते' में से 'ततो वचः' (उसे शब्द में) तक सुन्न हो जाने से सिर्फ़ बोल रहा है - कह कुछ नहीं पाता!

मेरे एक हिंदी में धुरंधर अँग्रेज़ मित्र ने कोई बीस बरस हुए, (मानसिक) बगले बजाते हुए लिखा था, "अँग्रेज़ी के ट्रोजन घोड़े को हिंदी का दाय भाग मान लिए जाने पर हिंदी के स्वभाव के लिए पैदा होने वाली सांस्कृतिक पेचीदगियों पर ग़ौर करना ज़रूरी है।"

हँसी आती है मुझे, उनके भोले बालपन पर! अब तक न जाने कितने-कितने ट्रोजन घोड़े-गधे आए - और अपना-अपना पेट खाली कर न जाने किधर बह गए!

हिंदी है भला किसकी! मगर हमारी मातृभाषाओं को गँदला कर, देखने पहचानने और निश्चय पूर्वक कर्म करने ('क्रियते कर्मणा पश्चात्') में बेबस बना रही है, 'सिर्फ़ बोलने और कुछ भी न कहने वाली हिंदी' जो अब अधिकाधिक चतुर्दिक सुनाई देती है, बंबैया भाँड़ों और इनसे अधिक टी वी के लंगरों के श्रीमुखों से! रेल लाइन के किनारे चूतड़ खोल मलत्याग करने को लाचार पूरी आबादी के आधे लोग भी सौ रुपए का सिनेमा टिकट खरीदते हैं और ऐसे घर जहाँ नलका नहीं, फिर भी टी वी के लिए पास के बिजली खंभे से चोरी का खींचा हुआ तार है!

आँकड़े बोलते हैं कि देश के निर्धन जनसंख्या का ५५ फ़ीसद उत्तर प्रदेश और बिहार में है। दक्षिण के राज्यों की तुलना में इनका कुल उत्पाद एक-तिहाई है। भविष्य में इनमें सुधार होने की जगह बदतरी होने की आशंका है।

*

'हिंदी' 'उर्दू'

किसकी ईजाद है, हिंदी भाषा? और किसका दिया हुआ नाम है 'हिंदी'? मैं अपनी ओर से भला क्या कहूँ! और अगर कुछ कहूँ भी तो उसकी वक़त भी क्या - बकौल अकबर इलाहाबादी, 'नेटिव की क्या सनद है, साहब कहे तो मानूँ!' तो लीजिए सारे भारत की सभी भाषाओं की सर्वे करा डालने वाले भारी विद्वान् जार्ज ग्रियर्सन साहब का कहना है कि हिंदी "कृत्रिम बोली है, जो किसी भी भारतीय की मातृभाषा नहीं बल्कि योरोपियनों की गढ़ी हुई संकर भाषा है, जिसका आविष्कार उन्होंने किया है, और वे उसे हिंदी कहते हैं!"

'उर्दू' भी इससे कोई कम अजूबा नहीं! कोई 'उर्दू' शब्द का अर्थ बाज़ार बताते हैं, जो लाल किले के पास अब भी है! कुछ का कहना है, बाज़ार से नहीं निकली उर्दू, बल्कि यह बाज़ार ही 'उर्दू' के सबब बसा! उर्दू अर्थात् लश्कर। बाबर के ९३७ हिजरी के एक सिक्के पर 'उर्दू की टकसाल' अंकित है; सन् १८९९ में नैनीताल के पास मिले जहाँगीर के सिक्के पर 'उर्दू दर राहे दकन' छपा है! जो भी हो! हमें तो उस उर्दू से मतलब, जो हममें से कुछ को आती है, कुछ को नहीं आती!

सन् ४६ में मैं कक्षा छह में था, तब तो उर्दू अनिवार्य विषय थी। सातवीं और आठवीं में भी मैंने अपनी इच्छा से उर्दू चुनी। देश का विभाजन हो गया था, सन् ४८ की बात है, मेरे पिता ने यह कहकर कि क्या करेंगे मुसलमानों की भाषा पढ़कर, उर्दू छुड़ा दी।

उनका कहा न मानने का सवाल ही नहीं। बहुत बाद में, जीवन में

केवल एक बार मुँह उठाकर उनसे बोला था, जयपुर युनिवर्सिटी में 'नौकरी' करने जा रहा था, तब उनके कटाक्ष के जवाब में, "तुम्हारे बाप जितने बड़े आदमी थे, मेरे बाप उतने बड़े आदमी नहीं हैं!" और इसका भारी दंड पाया - वह मेरे घर एक बार भी न आए - उसी जयपुर में आकर भी नहीं!

मन मारकर उर्दू छोड़नी पड़ी। बस, याद रह गई, बड़े मौलवी साहब की - छह फ़ुटा क़द, लंबी मेंहदी से रँगी दाढ़ी। मुझे 'मालवी' नहीं, 'मौलवी' पुकारते। ठीक ही तो है, 'मीम' के आगे एक 'वाव' लगा देने से 'मालवी साहब' 'मौलवी साहब' हुए! बरामदे के कोने में फ़र्श पर लतकच्चर गद्दा, दो तरफ़ पर्दे तने हुए। उन्हें समय से नमाज़ अदा करने में आसानी रहे, इससे यह इंतज़ाम किया गया होगा। मुसलमान लड़कों को तो पकड़-पकड़ नमाज़ अदा कराते - हमें बाहर घूमने की छुट्टी। ग़लत हिज्जे करने पर वह हथपंखी से मारते थे, तो हम बड़ी ज़ोर से चिल्लाते, 'मौलवी साहब ने हवा किया!' वह हमें 'किलास' से निकाल देते! सच कहूँ तो ऐसे मौलवी साहब से बिछुड़ने का दुख अधिक था! मौलवी साहब का चेहरा मानों सामने आ गया!

बंबई के दिनों में कांग्रेस के नेता मेहर अली और पारसी डॉ० खंभाटा मेरे पिता के घनिष्ठ मित्रों में थे। मेरी समझ में नहीं आता, बढ़ती उम्र के साथ, उनके मन में कैसे इतनी घोर सांप्रदायिक संकीर्णता भर गई! जब कि स्वयं उनके पिता दूसरे की जात-पाँत को लेकर कितने अधिक निरपेक्ष थे!

बनारस की रामप्यारी अग्रवाल मेरी माता की सहेली थीं। लखनऊ जेल में दोनों साथ रह चुकी थीं। उनके यहाँ अक्सर का आना-जाना

था। उनकी दूसरी बेटी मनोरमा ने एक युवक से विवाह करना चाहा तो मेरे पिता ने घोर विरोध किया था, कि वह युवक पारसी है! उस पारसी युवक से मैं भलीभाँति परिचित हूँ!

१६-१७ बरस का एक नौजवान, कराची में अपने घर से भागकर मुलतान, दिल्ली, कानपुर, जगह-जगह फ़ौरी काम करता हुआ, बनारस पहुँचा - और वहाँ हिंदू युनिवर्सिटी के भीतर आकर वह ठगा-सा खड़ा रह गया! फिर पूछते-पूछते कुलपति के बँगले में कुलपति के आगे जाकर वह बोला, "मैं हाईस्कूल पास हूँ। मैं और आगे पढ़ना चाहता हूँ मगर फ़ीस के पैसे नहीं हैं।" वह बोले, "कोई बात नहीं - क्या नाम है तुम्हारा?" "रुस्तम - रुस्तम सैटिन।" "रुस्तम, आज से तुम्हारे खाने-कपड़े और रहने सब का बंदोबस्त मैं करूँगा - तुम फ़र्स्ट क्लास लाओगे न!".

रुस्तम सैटिन ने हिंदू युनिवर्सिटी से राजनीति शास्त्र में एम् ए किया - आगे चलकर वही रुस्तम घनघोर कम्युनिट, चोटी के नेता। आग बरसाने वाले उनके भाषण मैंने सुने हैं! मगर अपने 'बाबूजी' के लिए वह वही 'रुस्तम' बने रहे!

"तो इससे क्या, उसे तुम मेरे पास ले आओ। जहाँ मेरा बेटा गोविंद पढ़ता है, उसके बगल में बैठकर वह भी पढ़ेगा।" लोकसभा की अध्यक्षा श्रीमती मीरा कुमार से पूछें, उनके पिताश्री कहाँ पढ़े हैं।

उन्होंने वकालत का पेशा चुना तो फ़ारसी पढ़ी। घर के पड़ोस में रहने वाले राय बहादुर साँवलदास कक्कड़ उनके उस्ताद थे। अपने ज्येष्ठ वकील बेटे को स्वयं उन्होंने उर्दू सिखलाई थी, कि वकील को उर्दू का ज्ञान होना चाहिए!

जापान, ओसाका युनिवर्सिटी में आया तो यह देखकर कि हिंदी के छात्रों को उर्दू की फ़ारसी वर्णमाला भी सिखलाई जाती है, थोड़ा अटपटा-सा लगा। फिर इसका प्रयोजन मालूम हुआ, कि हिंदी के छात्र प्लाट्स और फ़ेलन के उर्दू-हिंदी कोशों का भी उपयोग कर सकें। मैं तो इन कोशों के नाम तक न जानता था! समझ में आया, उर्दू का नाता मुसलमान से नहीं, हिंदी से है! पंचतंत्र के उर्दू अनुवाद से शुरू कर मीर अम्मन की **बाग़ो बहार** तक अभ्यास किया। मेरे लिए उपरोक्त दोनों कोश और फ़रहंगे आसफ़िया जैसे उर्दू शब्दकोशों के ख़ज़ाने खुल गए!

यह तो निरी नासमझी है कि हिंदुओं की भाषा हिंदी, तो उर्दू मुसलमानों की। याद है मुझे, मिश्र बंधुओं के पैत्रिक स्थान, गँधौली गाँव देव के हस्तलेखों के संधान में गया था। देव के **काव्यरसायन** की पोथी दो पीढ़ी पुरानी है और उसके पार्श्व पर जगह-जगह टीपें है, कुछ नागरी लिपि में, कुछ फ़ारसी में। इसी परिवार के पं० कृष्णविहारी मिश्र हिंदी के प्रख्यात समालोचक, फ़ारसी में भी निष्णात थे। अभी हाल साल तक की बात है, पं० चंद्रबली पांडे, 'रत्नाकर' जी, 'रुद्र' जी आदि हिंदी के लेखक, फ़ारसी भाषा साहित्य में भी एक समान गति रखते थे। आज भी हिंदी के दस उच्च कोटि के लोकप्रिय लेखकों की नाम सूची बनाएँ तो उनमें से सात या आठ ऐसे होंगे जिनके लिए हिंदी और उर्दू समान रूप से सुगम रही है।

हाल की बात है, हम 'दाग' शब्द पर विचार कर रहे थे। संस्कृत मूल का शब्द है, मगर पुरानी फ़ारसी में 'दाग' लिख ही नहीं सकते, क्योंकि वहाँ 'गाफ़' अक्षर ही नहीं (सबूत - 'गाफ़' होता अगर तो

'गंधार' 'कंधार' न कहलाता!) लिहाज़ा 'गाफ़' की जगह 'ग़ैन' से काम चलाना पड़ा। उर्दू में 'दाग' नहीं, 'दाग़' है - "कब नज़र में आएगी बेदाग़ सब्ज़ों की बहार" फ़ैज़ अहमद फ़ैज़। दूसरे, 'दाग' अग्नि से जलने का निशान वगैरह है। तोप में पलीता छुवा कर गोला दागा जाता है। बंदूक से गोली चलाने की प्रक्रिया अलग होने से गोली छूटती या चलती है। अकेले 'दाग' में हिंदी-उर्दू की पेंच हो, ऐसा नहीं है! मध्यकाल के भाषा कवियों ने फ़ारसी की प्रचलित वर्तनी को अपनाते हुए शब्दों का रूप परिवर्तन खूब किया है।

कहावत है, कोस-कोस पर पानी बदलै चार कोस पर बानी! वह बानी माँ जैसी - माँ काली हो कि गोरी, हर माँ के दूध का रंग, और उसमें पोषण तत्व भी एक-सा होता है। उसे चुहकते हुए हम पाते हैं बानी - उसी में हमारे पहले-पहले बोल फूटते हैं। वह बीकानेरी हो कि बुंदेली, बैसवाड़ी हो कि भोजपुरी - माता के दूध के समान पोषण पहुँचाती है हमारी वाणी को। वही वाणी पर पैनेपन की धार रखती है। जापानी सामुराई की तलवार की उत्तमता उसकी चावल बराबर चौड़ी अलग से धरी गई धार से आँकी जाती है - उस धार को 'किरे अजि' (=काटने का स्वाद) कहते हैं! अच्छी धार हो तो परीक्षण में वह तर-ऊपर रखी ५ से ७ लाशों को एक झटके में काट देगी!

'को बड छोट कहत अपराधू' - पं० महावीर प्रसाद द्विवेदी और बाबू बालमुकुंद गुप्त। प्रायः समकालीन, दोनों ही समान रूप से लोकप्रिय ऐसे पत्रों के संपादक, जिनकी अलग-अलग टकसाल में नए लेखक गढ़े जाते थे। मगर दोनों के बीच भारी भेद है 'संस्कार' का! गुप्त जी की हरियाणवी बोली का संस्कार किया मौलाना मुहम्मद हुसैन आज़ाद

और इंस्पेक्टर नज़ीर आदि की उर्दू और फ़ारसी ने। यही बात प्रेमचंद पर लागू होती है। मैं कहूँगा, महावीरप्रसाद द्विवेदी इनके बराबर क्यों न आ सके, क्योंकि उन्होंने अपनी भाषा-शैली का संस्कार संस्कृत से करना चाहा - जब कि आम बोली का संस्कृत से कोई सीधा नाता नहीं!

हिंदी उर्दू के अलगाव में, आग पर तेल छिड़कने के समान, अँग्रेज़ों ने भी कारगुज़ारी दिखलाई है। शुरू में जहाँ भाषा एक ही, केवल लिपि का भेद, नागरी और फ़ारसी का, फ़ोर्ट विलियम कालेज की पाठ्य पुस्तकों में देखने में आता है। आगे चलकर फ़ारसी में छपी पुस्तकें मुसलमानों के और देवनागरी में मुद्रित पुस्तकें हिंदुओं के खित्तों में बँट गईं। 'भाखा' से 'हिंदोस्तानी' और फिर 'हिंदी' नामों की यात्रा भी इसका एक प्रमाण है। सन् १८६२ में छोटा नागापुर के कमिश्नर डाल्टन को पुलिस के सिपाहियों में ५८ फ़ी सैकड़ा जवानों के मुसलमान होने का ख़याल बना था, इससे वह उर्दू हटाने का कड़ा विरोध करता रहा।

अपने जीवन भर के संचित अनुभव के आधार पर कह रहा हूँ, भारतेंदु युग से पहले के साहित्य पर शोध संधान करने वाले के लिए उर्दू ही नहीं, ४ सौ साल पुरानी फ़ारसी वर्णमाला का पूरा ज्ञान होना अनिवार्य है। इसके बिना उसे पुराने साहित्य के पास भी न फटकना चाहिए! कारण पर विचार करें - आज दिन हमारे समाज में अँग्रेज़ी का जितना चलन है, (वह भी आबादी के बड़े सीमित दायरे में), उसकी तुलना में देव और मतिराम के समय में फ़ारसी से साबका, पढ़े-ग़ैर पढ़े सब के बीच बहुत व्यापक था! अनजाने में हम अब भी 'उजुर माजरत' जैसे पुराने शब्दों का व्यवहार करते हैं।

भाषा की ऊर्जा

संस्कृत में एक सूक्ति है, 'अतृणे पतितो वह्निः स्वयमेवोपशाम्यति' – कंकड़-पत्थर पर गिर कर अंगारा आप ही बुझ जाता है! और अगर अंगारा कहीं घास-फूस के ढेर पर गिरे तो!

भाषा जीवित प्राणी के समान, सर्वथा सजीव होती है, फिर उसे ईंधन कहाँ से मिलता है! क्या ख्यात लेखक, जैसे कि प्रेमचंद से? या महावीर प्रसाद द्विवेदी जैसे प्रतिष्ठित संपादक से? कि कालिदास से लेकर अधुना युग के सर्व सम्मान्य कवि से? इसे छोर से पलटकर पूछें तो ऊर्जा पाता कहाँ से है, लेखक?

आप जो भाषा बोलेंगे वह किसी न किसी साँचे में ढली होगी। तो वह कैसी हो और किस साँचे में ढले, इसका तय करना अत्यंत आवश्यक है। इस लिए यही बात ध्यान में आती है कि कुल, जाति या धर्म नहीं वरन् जैसे लोगों में कोई रहेगा वैसी ही उसकी भाषा बदल कर हो जाएगी। पर भाषा का पूरा-पूरा ज़ोर देखने के लिए उन लोगों पर ध्यान दीजिये जो एक ढंग से 'शून्य भीति' हैं, अर्थात् जिन पर किसी तरह की शिक्षा मात्र ने अपना रंग नहीं जमाया है और जो घर में और घर के बाहर छोटे-बड़े सब से एक तार की अपनी सहज भाषा बोलते हैं। सच पूछिए तो ऐसी भाषा से बढ़ कर संसार में कोई दूसरी मीठी भाषा नहीं हो सकती। इस कारण ठेठ हिंदी शब्दों की आपको खोज है तो गत काल के या वर्तमान समय की

> नपी जोखी प्रायः एक ही ढर्रे पर चलने वाली कवियों की वाणी से लेकर सहस्रों धारा से चलती हुई सजीव ग्रामीण भाषा को देखिए। कितने हजारों-लाखों शब्द ऐसे मिलते हैं जिनके पुष्ट भाव या अर्थ गौरव को देख कर चकित हो जाना पड़ता है। तात्पर्य यह कि जैसा कुछ सरल भाव और मिठास मातृभाषा में भरा है वह बाहर की सभ्य या साधु भाषा में आ ही नहीं सकता। मेरा तात्पर्य भिन्न-भिन्न स्थानों की बोलियों से है जो घर के भीतर बोली जाती है, जिसकी सहज गति या प्रवाह होने के कारण जिसमें एक विचित्र लालित्य, माधुर्य या कोमलता आ जाती है, जो दुर्भाग्य से सभ्य मंडली से निकालकर फेंक दिए गए हैं। आप निश्चय जानिए, ऐसे ही शब्दों की पूरी विजय होगी।

उद्धरण कुछ लंबा है, पुराना भी, एक सौ साल। कथन है पं० बालकृष्ण भट्ट का, सन् १९०४ की 'हिंदी प्रदीप' में! क्या हिंदी हवा के घोड़ों पर सवार होकर आज दिन इतने आगे निकल आई है कि उपरोक्त कथन को सुना-अनसुना किया जा सकता है? इसे देखना परखना चाहिए!

सन् ४२, माघ का नखझर जाड़ा, पंद्रह बरस का एक किशोर गाँव से साँझ का चला, तारों की छाँह में सड़क छोड़ मेड़ों पगडंडियों की राह पकड़े-पकड़े शहर पहुँचा तो रात एक बज चुका था। फेंटे से निकालकर उसने चिट्ठी वकील साहब को थमाई और बैठक में बेंच पर निढाल गिरकर गोल, रामजी की घोड़ी, हो गया। रसोई कब की उठ

चुकी थी। वकील साहब ने अंदर से एक सूती चादर लाकर उसकी ओर फेंकते हुए पूछा, "रात कट जाई?" "कटिन जाई!" लड़के ने बेपरवाही से उत्तर दिया।

हिंदी समेत किसी भी भाषा में 'कटिन जाई' का सटीक अनुवाद करने की एक-दो बार कोशिश तो करें!

"अब्बा! कमिश्नर बट साहब तो गुजर गएँ!" बट साहब ने अब्बा को अगले रोज़ बुलाया था। अब्बा ने थिराए स्वर में जवाब दिया, "अरे, वह हाकिम ठहरे, कहीं भी जा सकते हैं!" कोई जवाब!

'हुरपेटना' 'अगडाही' या 'पनिहाकपार' जैसे हज़ारों हज़ार शब्द बोली के, ले लिए होते! यहाँ जापानी में, कहते हैं, (दारुमा = धर्म, एम्मा = यम, सित्तन = सिद्ध, हन्या = प्रज्ञा आदि) दो हज़ार शब्द संस्कृत और पाली के आज दिन भी बोलचाल में घुल-मिलकर एक हो गए हैं! 'हन्या तो' प्रज्ञा जल चावल की शराब है; 'एम्मा चो' यमराज की बही अर्थात् हाज़िरी का रजिस्टर! इसी चाल से अवधी बुंदेली आदि के शब्द ग्रहण किए जाते, चलने का दम होता उनमें तो चल जाते, हिंदी समृद्ध हुई होती! और जनता ने खारिज कर दिया होता तो गुमशुदमी में फिर मिल जाते! जो अभी सौ डेढ़ सौ बरस पहले तक कहरबा, गलफर, तारू, भँगेला जैसे शब्द आम फ़हम थे, आज पुराने धेल्ले के सिक्के की तरह चलन से बाहर हैं, कितने होंगे? कई सौ, नहीं, हज़ार से ऊपर!

दूसरी ओर देखें। प्रेमचंद की हैसियत, लमही के बाहर, भला क्या है? उतनी ही जितनी उन्हें दशाश्वमेध के मसान की ओर ले जाते समय थी - "के रहलें?" "केऊ मास्टर रहलेन।" "बेटा, प्रेमचंद

का नाम अक्सर सुनते हैं - क्या उन्होंने कई किताबें लिखी थीं?" मेरे मामा जी ने एक बार मुझसे पूछा था।

प्रेमचंद या रेणु ने 'हिंदी' से क्या पाया, और 'हिंदी' को क्या दिया! रेणु, बलवंत सिंह, नागार्जुन, मणि मधुकर जैसों ने मैथिलि पंजाबी राजस्थानी से कितना पाया - और हिंदी का कोठा कितना भरा, कोई तख़मीना लगा सकता है भला!

इस लिए हिंदी को डर ट्रोजन घोड़े के पेट से निकले सूरमाओं से तनिक भी नही। वे इधर-उधर नोच-खसोटकर हार जाएँगे - हमारी भाषा का बाल भी बाँका नहीं कर सकते, क्योंकि 'हमारी भाषा' हिंदी थोड़े ही है! हमारी बानी तो वह है, जो कोस-कोस पर नया चोला लेकर प्रगट होती है! जितनी होंगी गोजर की टाँगें, उससे कई गुना बड़ी संख्या में!

डर बंबैया भाँड़ों से और टीवी के लंगड़ों से है, जो हमारी बोलियों की देखने, पहचानने, बदलने की कूबत को भोथरा कर रहे हैं!

> आवाज़ नीचे रखो - मैं यह शादी करूँगी - मुझे खुद से बचा लो - वह निकल चुका है - अब मुझे मुक्ती चाहिए - तुम्हारा वही प्यार फिर से चाहिए - सब समझता हूँ मैं - यह भूल गया कि यह एक अफ़सर है - ठीक सुना तुमने

कुछ पल्ले पड़ा? यह हिंदी तो काठ की फूटी घंटी जितनी भी मुखर नहीं है! ऐसे को कहा जाता है, न लीपने लायक, न पोतने लायक!

> गैंगरेप पीड़िता : उनका कहना है कि अगर पीड़िता के अभिभावकों को एतराज़ न हो तो दुष्कर्म के खिलाफ़ होने

> वाले कानून का नाम पीड़िता पर रखना चाहिए – युवती के पैत्रिक गाँव को उसका नाम दिया जाएगा। – प्रशिक्षु फ़िजिओथेरिपिस्ट को इंसाफ़ दिलाने के लिए राजधानी समेत पूरी दुनिया में प्रदर्शनों का दौर जारी है। – उससे दो देसी बम बरामद हुए – नए साल पर कम लोगों ने ड्रंकन ड्राइविंग की – सड़क हादसे में मौत का सिर्फ़ एक मामला सामने आया।

'गैंगरेप पीड़िता'! महाशयजी, आपके दिमाग में भाषा का फ़्यूज़ उड़ गया है - 'रेपित' बोलिए! 'रेप' देव वाणी संस्कृत का सिद्ध शब्द है! 'रेप आधुः' ऋग्वेद में आया है! कर्मवाच्य रूप है, लाघव में! वाग्मी की पहचान बताई गई है, 'मितं च सारं च वचः' कम में कहना!

बिच्छू का मंत्र न जानने और साँप के बिल में हाथ देने वाले मूढ़ के समान अपने ही पंचतत्वों का जैसा सत्यानास मनुष्य ने चर्नोविल, रूस, और फ़ुकुशिमा, जापान, में किया है और उसका भारी दंड, विकलांग पीढ़ी दर विरूप पीढ़ी पैदा करते हुए, कई हज़ार बरस तक भुगतता रहेगा! कुछ उससे कम हमने अपनी भाषा बोली के साथ नहीं किया! उधर केवल एक आँख, या दोनों पैरों से रहित, या लौकी के आकार से लंबे सिर वाले सैकड़ों हज़ारों की संख्या में बच्चे पैदा होते जा रहे हैं; जापान में, अगले तीन बरस बीतने पर ढाई गुना बड़ी संख्या में राम ही जाने अगले कितने सौ साल तक उत्पन्न होते जाएँगे! वैसे ही खाँसते, ख़ूनी बल्गम उगलते शब्द, जिनकी न जड़ है, न शाख, हम हवा में रेशमी झंडियों के समान उड़ा रहे हैं! जो मुहावरे और कहावतें सदियों के व्यवहार से चमकाए जाकर चलन में आते

हैं, बोलने वालों की जाति का कितना लंबा इतिहास अपने मर्म में सँजोए होते हैं! अब मुहावरेदार हिंदी तो दूर, हिंदी की कहावतें तक, खरगोश की सींग के समान, ग़ायब हो गईं! चर्नोविल और फ़ुकुशिमा में हरियाली ('कब नज़र में आएगी बेदाग़ सब्ज़ों की बहार' - फ़ैज़) के न वापस लौटने की तरह कहावतें हमारी ज़बान पर दोबारा कभी न चढ़ेंगी!

बहुत गहराई में उतरकर सोचना चाहिए, ऐसा हो कैसे गया! कारण कुछ और है, हम आँखें मूँदकर सुई में धागा पिरोने की कोशिश करते हुए सिर्फ़ खिसियाते हुए मुस्कराते फिर झुँझला रहे हैं! कितनी चलताऊ है, यह प्रतिक्रिया! बड़े खेद की बात है, हम भारत के वासी केवल प्रतिक्रिया कर पाते हैं! - अर्थात् सिर पर चपत लगने के बाद हमारी हथेली उस जगह पर जाती है! नपुंसक बनाने, बधिया करने की प्रक्रिया कब से शुरू हुई, इसकी जाँच होनी चाहिए। पता करना बिलकुल संभव है - सारी सामग्री, नैवेद्य के थालों में आँखों के सामने परसी हुई तो है!

भाषा में घटियापन-टुच्चापन अधपेट खाए या खाली पेट में सुलगती आग से सबब - 'क्षुधितं किम न करोति पापम्' - नहीं, टुच्चापन विचारों ही में नहीं, आम व्यवहार में भी छिछोरापन आने से, गलित कुष्ट के दाग सा फूट रहा है हिंदी भाषा की देह पर!

यह पिछली ५-६ सदियों के दौरान विगलित - विघटित हमारे जातीय चरित्र का परिणाम है! उतनी दूर भी क्यों जाएँ, पिछले पचास बरसों ही को परख लें। चारित्रिक विघटन से उमड़ा है गटर में ज्वार - त्सुनामी से कहीं अधिक विकराल! 'कालोऽस्मि लोकक्षय कृत्प्रवृद्धः'

'काल हूँ मैं, सब कुछ को निगल जाने के लिए बढ़ी हूँ!' उसी का घर्घर सुनाई दे रहा है, हिंदी भाषा में!

हिमालय की बर्फ़ीली चोटियों में मिलने वाली अश्मीभूत सीपियों में जैसे वहाँ सागर के होने का प्रमाण क़ैद मिलता है, वैसे ही भाषा बोली सुरक्षित रख छोड़ती है, उत्तरोत्तर बढ़ती विकलांगता के DNA!

कहाँ से सुनना चाहेंगे? आदि से अंतहीनता तक या कि अंतिम छोर से आदि के सिरे तक?

*

छिछोरेपन की भाषा

तस्याः किंचित्करधृतमिव प्राप्तवानीरशाखं हृत्वा नीलं सलिलवसनं मुक्तरोधोनितम्बम्। प्रस्थानं ते कथमपि सखे लम्बमानस्य भावि

कालिदास के पूर्वमेघ का मंदाक्रांता छंद है, यह। 'गंभीरा नदी का जल कम हो जाने से उसका तट (नारी देह के ढालदार अंग को भी कहते हैं 'तट'!) नीचे तक दिखाई देने लगेगा। जल पर झुकी हुई बेंत की लताओं को देखकर ऐसा जान पड़ेगा मानों नितंब पर से वस्त्र खिसक जाने पर लताओं के हाथों से तट जल-वस्त्र पकड़े हुए है। यह दृश्य देख तुम वहीं रुके रह जाओगे, मित्र -' 'उपमा कालिदासस्य' प्रसिद्ध है! किसी जानकार से पूछिए, इसके आगे कवि ने क्या उपमा दी है, - मैं प्रगट न करूँगा, इतना ही कहूँगा कि ऐसी उपमा उदात्त पौरुष से छलकते हुए काव्य का कृतिकार ही दे सकता है!

'छंदानुवृत्ति' शब्द सुना तो होगा कभी! पुरुष ही करता है

छंदानुवृत्ति, स्त्री की, जिसका मान रखता है, नाज़बरदार होता है, वह!

तोक्यो की सेबु तामागावा ट्रेन लाइन से हम घर लौट रहे थे। एक ही सीट ख़ाली मिलने से उसे बैठाकर मैं खड़ा रहा। ट्रेन मुड़ी तो उसके चेहरे पर धूप पड़ने लगी, मैं आड़ करने को उसके सामने आ गया! 'अरिगातोओ!' (शुक्रिया!) उसने कहा। इसे चालीस बरस से ऊपर हो गए। मैं आज भी उसे आड़ में देने के लिए खड़ा हूँ क्योंकि तब २३ बरस ६ माह की वह जापानी युवती पिछले किसी जन्म में पार्वती थी, जिसके अर्धांग पर बोझ न डालने के लिए अर्धनारीश्वर सदा दाहिनी करवट सोया करते थे! दर्पीली, ये दोनों ही अपना मान रखाना जानती हैं, 'तेषां मूर्धि ददामि वाम चरणं!' ('उनके ललाट पर रखूँगी मैं, अपना बायाँ पैर!')

मैं देखता आया हूँ, पुरुषत्व क्षीण होने से छिछोरापन आता है - ठीक वैसे ही जैसे सारी ऊर्जा खो देने पर नक्षत्र ऐसे सघन महाकाल में परिवर्तित हो जाता है, कि उसे छेदकर सबसे तीव्रगामी प्रकाश किरण भी पार नहीं कर पाती! पश्चिम में आजकल उसे ब्लैक होल कहते हैं! भाषा की देह पर फफद आते हैं गलित कुष्ट के विरूप चकत्ते, विकलांग शब्द, गूँगे अर्थ!

अब से २५ साल पहले प्रकाशित मेरे एक लेख से उद्धृत कर रहा हूँ, एक उपन्यास के ये वाक्य -

> शि० को अपने पर बहुत क्रोध आया, बहनदोच, यह चक्की का ही बिज़िनेस है कि कभी भीड़ ऐसी नहीं लगती। मांदोच आटा भी पीसो और गाहक से भी दुचाओ। **ख़ुदा सही सलामत है**

यानि लेखक ज़रूर लिखना चाहता है माँ-बहिन की गालियाँ, मगर वह इन्हें ऐसे लिखेगा कि पढ़ने में वे गालिया न हों फिर भी उसे विश्वास है कि पाठक इन्हें पढ़ते हुए गालियाँ ही समझता जाएगा - लेकिन गालियों पर नकाब क्यों? क्योंकि एक तो शुद्धी समाज का संस्कार, फिर यह भी कि अभी उसमें **हर्षचरित** जैसे बाण भट्ट के ललित गद्य में 'छिनाल चरित्र' लिखने लायक 'बोल्डता' नहीं आ पाई है - मध्या नायिका की तरह लाज-शरम समान है उसमें, इस लिए 'छाती छुए छी करति, नीवी उससी करति।'

यह कितनी चिरस्थायी मनोवृत्ति है, इसका पता सन् २०१२ में प्रकाशित एक कविता पंक्ति से चलता है -

> यह त्रिवेदी जी कार चलाते हुए बताने लगे कि क्या
> बताएँ कि
> कितना विचार करना पड़ रहा है। हैनच्चो हालत ख़राब
> है।

क्रमशः यही आधा घूँघट किए हुए गालियाँ शुद्ध हो जाती हैं अस्सी घाट के चौराहे पर, जहाँ तुलसीदास ने अयोध्या से आकर बसेरा किया था एक नाव पर, उसी 'असी गंग के तीर'!

ऐसा कैसे हुआ, इस पर अटकल भिड़ाने से पहले लें, यक्षी का यह फ़ोटो देखें - बहुत घूरकर न देखने पर भी आँख दृष्टव्य स्थल पर आकर आप ही टिक जाएगी - 'प्रस्थानं मे कथमपि सखे'। इसे देखकर अचरज में पड़ने या लज्जा से सिर झुकाने की ज़रूरत नहीं - दिल्ली, मथुरा, कलकत्ता वगैरह के संग्रहालयों - और एलोरा में - सब जगह नग्न यक्षी के ये अंग काले पड़ गए हैं!

दो प्रश्न करना चाहता हूँ - कितने बरसों में हाथों का मैल पत्थर के स्तनों और योनि के ऊपर कालिमा में जमा हुआ है? और दूसरा यह कि किनकी हथेलियाँ रही होंगी ये!

पचीस-पचास साल नहीं, तीन-चार सौ बरस की लंबी अवधि में मनुष्य की सहलाती हुई हथेलियों की चिकनाई यक्षी के इन अंगों पर इकट्ठा हुई है! कई सौ साल पुराने होने का प्रमाण मैं अभी देता हूँ, थोड़ा धैर्य धरें। यह भी जान रखें कि उन चार सौ बरस के पहले कई सौ साल का धुँधला अवकाश था, जिसमें छिछोरापन जड़ें जमाता रहा!

यक्षी के हाथों में पहने हुए चूड़ों पर ध्यान दें। हड़प्पा की खुदाई में निकली काँसे की नर्तकी ठीक ऐसे ही चूड़े पहने है - ५००० बरस बाद आज दिन भी राजस्थान की स्त्रियाँ ऐसे ही चूड़े पहनती हैं!

दूसरी सदी में निर्मित यह यक्षी करधनी के सिवा और कुछ नहीं पहने है - ठीक ऐसी ही करधनी प्रायः हर नारी मूर्ति की कमर में दिखलाई देगी - ईसा से २ सौ बरस पुरानी मातृका देवी की मृण्मूर्ति तक, जो पटना संग्रहालय में है! यह भी ५००० साल पहले की है!

करधनी, सर्वदा तीन पाट की, मातृका का प्रतीक है!

और जिसे हम स्त्री के प्रजनन अंग के नाम से जानते है, वह? उसे व्यक्त करने के लिए कोई शब्द तक नहीं है! 'योनि' के तो गर्भाशय, प्रजनन अंग, उत्पत्ति स्थल, खेत (यथा योनौ रेतः सिञ्चेत्) आदि दर्जनों अर्थ हैं!

गुह्य अंग और वहाँ उगने वाले रोयों का वर्णन खोजने पर भी नहीं मिलता! कालिदास के 'कुमारसम्भव' में पार्वती का नखशिख ध्यान से पढ़िए - न मिलेगा! गुह्य अंग के रोएँ वेनिस के व्यापारियों को उत्तेजना देने वाले उपकरण थे - 'फ़िग लीफ़' से ढके हुए! 'भुजमूल' का अर्थ 'काँख' नहीं, कंधा है!

गुह्य अंगों के लिए 'मदनसदन' और 'मदनाङ्कुश' जैसे शब्द तो बहुत बाद के, गढ़े हुए पद हैं! मैंने DNA में व्यतिक्रम पैदा होने का समय तक बताने का वायदा किया था, न! तो यह लें!

जयदेव के **गीतगोविंद** (१४ वीं सदी) का एक पुराना संस्करण मेरे पास है। एक बार उसे पढ़ते हुए मेरा ध्यान गया कि इसमें कुछ छंदों को प्रकाशक ने शरमाकर सेंसर कर दिया है -

इत्थं पूर्वकथाभिरन्यमनसो निक्षिप्य वक्षोंऽचलं । राधायाः
स्तनकोरकोपरि मिलिन्नेत्रो हरिः पातु वः। - गीत० १२।

(राधा को पूर्वकथा सुनने में अन्यमनस्क पा, हरि ने उसका अंचल हटा दिया और उसके अँबियों-से कुचकोर टकटकी बाँध देखने लगे - वह हरि आपकी रक्षा करें।)

गीतगोविंद के नवलकिशोर प्रेसवाले १९२६ ई० के दसवें संस्करण में इस श्लोक को सेंसर कर दिया गया है!

बलिभद्र (सन् १६०० के इधर-उधर) केशवदास के बड़े भाई। इनका **नखशिख** अपनी कोटि का पहला ग्रंथ है। इसमें 'मदन सदन' पर एक कवित्त है, 'तोय को तरोटा', अर्थात् जल भँवर। यह छंद सभा से प्रकाशित संस्करण में तो सेंसर हुआ है ही, सन् १७५० की जयपुर वाली हस्तलिखित प्रति से भी इसे निकाल दिया गया है।

देव कवि (लगभग सन् १६५०) के काव्य में 'नूत' शब्द आया है, कोई एक दर्जन बार। यह नूतन का संक्षेप नहीं, वृक्षवाची है, 'नूतन अनार कचनार नूत डार मलै माधुरी वकुल मल्लि वल्लिनु उदैत को'। गदह पचीसी की उम्र में मैंने इसका अर्थ 'शहतूत' लगाया था। आचार्य विश्वनाथ प्रसाद मिश्र बरसों इस शब्द प्रयोग के - और मेरे! - पीछे पड़े रहे। एक लंबे लेख में इसे संस्कृत का न जाने क्या सिद्ध कर दिखाया! बहुत बाद में मेरा ध्यान गया, 'रसालिया' पर! हमारे यहाँ भद्र जन 'लो वेट' गाली के रूप में इसका प्रयोग करते हैं - यह और कुछ नहीं, अमरकोश का 'आम्रश्चूतो रसालोऽसौ' है! मगर 'नूत' को 'चकार' करने पर यह अस्सी का चौराहा हो जाता है! अर्थात् छिछोरपन के स्तर पर गिरकर भाषा अश्लीलता प्रगट करती है, इशारे से - अतः देव कवि ने 'मांदोच', 'दुचाओ' की तरह नकाब पोश 'नूत' कर दिया!

उत्तर मध्यकाल के सबसे अधिक लोकप्रिय कवि बिहारीदास (सन् १६००) का प्रसिद्ध दोहा है, 'लरिका लेवे के मिसन' जसुदा के लला ने मेरी गोद का बच्चा लेते हुए उँगलियों से मेरी छाती टटोल ली! और लीजिए, 'री नारि, तू ऐसी ही मुद्रा में स्थिर रह!' कैसी मुद्रा? छीके पर रखने के लिए हाँड़ी उठाए हुए दोनों हाथ! क्यों? क्योंकि

हाथ उठाए रहने से काँख दिखलाई देती है - 'अहे दहेंडी जिन धरै। जिन तूं लेहि उतारि। नीकै है छींकौ छुयै। ऐसैही रहि नारि [६९९] यह वही मुद्रा है जो बामा और ओबामा में फ़र्क न मानने वाली कुछ अधुना भारतीय राजनेत्रियाँ, एकत्रित जनता को ब्लाउज़ की पसीने से भीगी बगल दिखलाई देने की परवा न कर 'वेव' करती हैं!

'ऐसे तुरकान पै हजार हिंदुन को वारिए' उन रसखान (सन् १६५०) की नायिका पिया को बाहर जाने से मना करते हुए अपनी देह के विभिन्न अंगों ही को बगिया बनाकर अर्पित करती है - उसमें 'रतिफूल' ढाक का लाल पुष्प है!

शाहजहाँ के राजकवि महाकविराय सुंदर (सन् १६३१) इससे भी चार कदम आगे बढ़कर स्त्री के एक अंग विशेष में शिव के तीसरे नेत्र का प्रतिरूप देखते हैं, जिसमें कामदेव ने शलाका मारी है! 'ईस के तीसरे नैन मै दैन को मानहु मैन सलाक सचारी [सुं०सिं० ३३९]'

इसमें अचरज न करना चाहिए कि दिसंबर सन् २०१२ में बस ड्राइवर राम सिंघ को बलात्कार विधि - उसमें सलाख के प्रयोग तक की बारीकी शामिल करते हुए - लिखकर दे गए कवि सुंदर! अजब नहीं जो मीरा बाई ने 'मैं तो तंदूरी मुर्गी हूँ यार' भजन का टुकड़ा यहीं से उठाया हो!

जयदेव ने यह तो माना था कि, 'यदि हरिस्मरणे सरसं, मनो यदि विलासुकलासु कुतूहलम्' - लेकिन जयदेव की 'मधुरकोमलकान्तपदावली' में शिव के तीसरे नेत्र तो क्या, उसकी ओर इशारा तक नहीं! उनके काव्य में परिपूर्ण हो छलकता है तो पंच ज्ञानेंद्रियों द्वारा रसोपलब्धि का वैष्णवी रूपांतर। इसके स्थान पर

सत्रहवीं सदी में आकर ऊपर उद्धृत नमूने हैं 'राधा गोविंद से सुमिरनु को बहानो'! फिर भी कल्पना इस अति सीमा तक वीभत्स हो सकती है - ढाक का दुर्गंधित लाल फूल, स्त्री योनि के लिए! - सहसा विश्वास नहीं होता!

सन् ४७, हिंदू युनिवर्सिटी में आचार्य नरेंद्र देव का भाषण, सामने हज़ार से ऊपर युनिवर्सिटी के छात्र। आचार्य जी हाल में युरप का दौरा कर लौटे थे। उसी प्रसंग में उन्होंने 'इंग्लंड' का नामोल्लेख किया था। यह शब्द सुनते ही श्रोताओं की पिछली पाँतों में चैतन्यता की लहर आई - दूसरी बार 'इंग्लंड' का उच्चारण होने पर हल्की हंसी। विचार करें तो पता चलेगा कि दिमाग़ी माहौल अब ऐसा बन गया है कि वह साधारण लहरिया रेखा में चित्र देखता है, स्तन और नितंब का! कोढ़ पर खाज की तरह इसके पीछे ईसाई विक्टोरियन नैतिकता लुकी हुई है - ख़ास कर मध्यम वर्ग में। और इसे पुष्ट करने में भारी योगदान किया है गांधी जी ने!

शराब पीने वाले हिंदी लेखक शराब को दारू कहते हैं क्योकि 'दारू' कहने से अल्कोहाल की मात्रा बढ़ जाती है - वैसे ही जैसे औरत को वेश्या नहीं, रंडी कहने में मर्दानगी के साथ 'हाय रजा!' की लार भी टपकती है!

इसी को हवा दे रहा है बंबैया फ़िल्मी उद्योग - आलिंगन और चुंबन से अगली स्टेज का दृश्य, चड्ढी कसे मर्द का मज़बूत नायलान की पैंटी से मढ़ी हुई ठीकरी पर रगड़े पर रगड़ा मारते हुए सेक्स सीन में 'प्रेम बनाना', जिसे १०० - १५० रुपट्टी के टिकट खरीद कर दर्शक सनीमा हाल के सुरक्षित धुँधलके में ब्रह्मानंद सहोदर आनंद पाते हैं!

जैसे-जैसे मध्यम वर्ग फूलता जा रहा है, खंभे के पीछे वाली कल्पना आगे आकर यथार्थ विकृत रूप लेती जा रही है।

सुवर्ण की है इसकी कुंजी - बड़े बाबू और उनकी चौकड़ी की मुट्ठी में है वह! एक-एक सनीमा से करोड़ों रुपए वे जो तरियाते हैं, वह पुतलीघर जिसमें सोने चाँदी के धागे हवा में से पैदा होते हैं, उसमें अरबों रुपयों का निवेश है और जुहू और खार में उगे उन पेड़ों की जड़ें कराची और दुबाइ तक गई हैं! इस लिए ट्विट्टर पर ढुलकाए गए घड़ियाली आँसुओं के बावजूद इनसे बदलाव की उम्मीद करना ओस चाटकर प्यास बुझाने के समान वृथा है।

थोड़ा भी खुरचकर देखें तो पता चलेगा कि इस आय का ९० फ़ीसद १०० - १५० रुपए के सिंगल टिकट की कमाई है। इन्हें ख़रीदता है राम सिंघ क्लास का स्लम वासी। उसका इंटरटेनमेंट चाट मसाला ही से हो सकता है, इस लिए चाट मसाला के खोंचे उठाए न जाएँगे।

कुछ देर को मान लें, 'प्रेम बनाने' का दृश्य फ़िल्माने की छूट वैसे ही हो जाए जैसी स्वच्छंदता कुत्ते, घोड़े आदि पशुओं को जोड़ा खाते हुए होती है - और तब ट्रेन हो कि फ़ुटपाथ, पार्क या सड़क किनारे सार्वजनिक स्थानों में मनुष्यों को मैथुन करने की आज़ादी हो जाए तो मनुष्य का स्तर पशुओं के बराबर ऊँचा तो हो ही जाएगा! मनुष्य को छोड़, कोई भी नर पशु अपने धन या शरीर के बल से स्वजाति की मादा से बलात्कार नहीं करता!

कहा जाता है, भारी भूकंप आने का पूर्व संकेत कुछ जीवों को हो जाता है! उसी प्रकार भाषा पूर्व संकेत दे रही है, भावी का! भर्तृहरि की चेतावनी याद आती है, 'विवेकभ्रष्टानां भवति विनिपातः शतमुखः!'

विवेकहीन का एक नहीं, दो नहीं, सौ मुखों से होता है पतन!

इशारों-इशारों में नहीं, लोक-लाज छोड़ दे, तीन लोक जीत ले - ऐसी 'बोल्डता' आने पर ही एक गाने की फ़ीस ७० लाख का कीर्तिमान कायम करने वाला हनी सिंघ उत्पन्न हुआ है! बीकानेर में उसका माँ-बहिन की गालियों का 'प्रवचन' सुनने के बाद भला कौन नेरिया जाट और बीका राव की पगड़ियों को इज़्ज़त की निगाह से देखेगा! 'थावर बीच थरपियो बीको बीकानेर!' याद रहे, बाइज़्ज़त वही होता है, जो अपनी इज़्ज़त बनाए रखने के लिए अपने प्राणों को तृणवत् मानता है! क्यों बीकानेरियों ने ढेले मार-मारकर पागल कुत्ते के समान उसे अपने शहर की हद से बाहर क्यों न खदेड़ा!

वह व्यक्ति विशेष है ही नहीं, वह तो उपलक्षण है और 'अनेक रूपरूपाय' वह जगह-जगह प्रगट होता रहेगा! वह देखिए, गुड़गाँव के क्रिस्टल होटल के बाहर अब भी खड़ा है, तेज़ प्रकाश से कतराकर, अपनी गर्ल फ्रेंड को कमर से दबोचे हुए एक युवक - इस पशोपेश में कि सिंघ का प्रोग्राम कैंसिल होने की अफ़वाह है, १५ हज़ार रुपए का टिकट वह ख़रीदे कि न ख़रीदे!

जो हम आँखों के आगे घटित होता देख रहे हैं वह 'पेटरॉल' और किरासीन तेल के मेल से तैयार मोलोटोव काकटेल की तुलना में कहीं अधिक भयंकर है! 'शब्द' से संभ्रम बनाए रखना चाहिए, क्योंकि अक्षर से निर्मित शब्द भी अ-क्षर होते हैं! अक्षर का दंश विषधर सर्प के दंशन से अधिक घातक होता है! क्या कोई बता सकता है कि 'अक्षर' के बराबर वज़न वाला शब्द किसी दूसरी भाषा में है?

हिंदी के एक लेखक मेरे घर पधारकर कुछ दिन ठहरे थे। उन्होंने मुझे

बताया, "कुछ लोग मुझे हिंदी का हेमिंग्वे कहते हैं।" उनसे प्रगट में तो मैंने इतना ही कहा, "मगर आपका पान-खान तो हेमिंग्वे के खान और पान के जोड़ का नहीं है!" एक बार निरखा उन्हें मस्तकापाद, हेमिंग्वे के 'इंडियन कैंप' में इंडियन छोरी के भारी नितंबों के लिए हेमिंग्वे का जुमला याद करते हुए।

अभी हाल में सुना, एक पिता अपना दुखड़ा रो रहा था कि टीवी पर ऐसे विज्ञापन आने लगे हैं कि बच्चे उसी कमरे में हों तो बड़ी शर्म मालूम देती है! यह पिता नहीं, हर ओर से पिटा हुआ नपुंसक व्यक्ति है क्योंकि यह, अपने समान लज्जा का अनुभव करने वाले दूसरे पिताओं के साथ मिलकर उस विज्ञापित वस्तु का बाइकाट नहीं कर सकता!

यक्षी के पथरीले अंगों पर फेरे गए कई हज़ार - हो सकता है लाख! - हाथ, खुदा सही सलामत, अस्सी का चौराहा, तंदूरी मुर्गी, शहद सिंघ - सब ५००० बरस के ग्राफ़ की एक ही रेखा पर लगी सिंदूरी बिंदियाँ हैं! और ५००० बरस के उसी ग्राफ़ में पुंसत्वहीनता की ऊर्ध्वमुखी रेखा पर अंकित चंदन चिह्न भी हैं, चारित्रिक विघटन की अधोमुखी रेखा के!

क्यों नहीं किसी युनिवर्सिटी का हिंदी विभाग "हिंदी साहित्य में गालियों का विकास" विषय पर दो-चार ठो पी एच् डी कराता!

कम से कम पाँच हज़ार साल पहले से शुरू हुई इस यात्रा का प्रस्थान स्थल कहाँ था, क्या जानने का कुतूहल नहीं होता? एक ओर के क्षितिज से लेकर क्षितिज के दूसरे छोर तक कठोर हिम विस्तार से निकलकर सप्त नद का देश, आज जिसे स्वात और नीलम की घाटियाँ कहते हैं! हर ओर पत्थरों के बीच से फूटती हरियाली, नदी-सोते, झरने! हड़प्पा तो अभी बहुत दूर था! उँगलियों के बीच सहलाई जा सकने वाली चिकनी मिट्टी में जौ और बाजरा के दाने बोने के लिए जो हथियार ईजाद किया गया, उसका नाम था आगे नुकीला फल जड़ा हुआ 'लांगल'!

यह केवल औज़ार मात्र थोड़े ही था! इसके साथ जुड़ी थी पूरी पद्धति - उसे 'लाङ्गल पद्धति' कहते हैं। इसमें न जाने कितने तो संस्कार थे, न जाने कितने गीत-गान - यह सब वैदिक साहित्य में सुरक्षित मिलता है! शब्दार्थ क्या है 'लांगल' का? 'हल' तो है, द्वितीया के चंद्रमा की दोनों नोकों को, और शिश्न को भी 'लांगल' कहते हैं।

'युनक्त सीरा नि युगा तनोत -' हलों को जोड़ो, जुओं को फैलाओ, और गोड़े हुए खेत में बीज बोओ। हमारे लिए अन्न भरा-पूरा हो और

हँसुए के लिए उत्तरोत्तर बढ़ता जाए!

'लाङ्गलं पवीरवत्सुशीमं सोमसत्सरु -' अच्छे फल वाला, सुखद, चिकनी मूठवाला हल उत्पन्न करे गौ, भेड़, रथ और हृष्टपुष्ट सुंदरी!

हल के फाल और उससे निर्मित रेखा को 'सीता' कहते हैं! 'इन्द्रः सीतां निगृह्णातु -' इंद्र सीता को ग्रहण करें, सूर्य उसकी रखवाली करें। जल से भरी सीता हमें धान्य प्रदान करती रहे।

कृषि पर निर्भर था यह समाज, उर्वरता बढ़ाने के लिए, फ़सल कटने के बाद, नर बलि दी जाती, और शव जलाकर उसकी राख खेतों में छिड़की जाती - इस रस्म का चिह्न आज होली के रूप में बच रहा है!

रामायण की सीता की जन्मकथा पर ध्यान दें तो यहाँ हलकर्म सीता का मानवीकरण हुआ है और यहीं से धरती मातृ देवी का रूप ग्रहण करती है।

८वीं सदी तक 'सीता' के अस्तित्ववान् होने का प्रमाण है, मंदिरों के यौनाकार प्रवेशद्वार से लेकर सर्वोच्च शिखर के नीचे स्थित गर्भगृह तक के स्थापत्य में!

कितनी लंबी पदयात्रा कर, अंततः हम बन सके हैं आज 'तंद्वरी मुर्गी'! बधाई हो! अरे हाँ, मध्य प्रदेश में रेपित स्विस मुर्गी परिणाम है, वह भी अधूरा - कारण तो उस इलाके में १०० मर्द के आगे सिर्फ़ ८५ औरत का होना है! आप कारण पहले जानना चाहते हैं कि पहिले पूरा परिणाम?

*

जो न करना था किया

हिंदी भाषा आज जिस दुर्दशा में है, उसके कारणों को पहले देख लिया जाए, परिणाम के नमूने बाद में देख लेंगे। हिंदी - खड़ी बोली - कब और कैसे बनी, इसके पीछे दौड़ना बहुत कुछ प्याज़ छीलते जाने की तरह बेकार है, छोड़ दें।

सन् १९२१ में हिंदू युनिवर्सिटी में हिंदी का अलग विभाग खुला - श्री विमल बीए पास विभाग के प्रथम अध्यक्ष बनाए गए। नई युनिवर्सिटी थी, संस्थापक महदाकांक्षी, साबुन बनाने का करख़ाना हो कि फ़्लाइंग क्लब, अगर हो तो क्या बुरा! मगर युनिवर्सिटी का हिंदी विभाग भोलू पहलवान का अखाड़ा तो है नहीं कि गंडा-तावीज़ देकर शागिर्दों को ज़ोर करने के लिए उतार दिया उसमें! अखाड़े में भी मुगदर, गदा, नाल वग़ैरह चाहिए ही! अपने घर के अखाड़े की मुझे याद है - साल में दो बार उसकी मिट्टी को कनस्तर भर सरसों का तेल पिलाया जाता था।

हिंदी विभाग में छात्रों को पढ़ाने के लिए टेक्ट बुक होनी चाहिए - वह एक भी न थी! श्री विमल ने इस अभाव की पूर्ति के लिए क्योंकि - 'हिंदी के उत्तम कोटि के निबंधों का कोई ऐसा संग्रह अब तक प्रकाशित नहीं हुआ जो ऊँची कक्षाओं के विद्यार्थियों के हाथों में दिया जा सके,' दो हिंदी निबंधमालाएँ संकलित कर प्रकाशित कराई। फिर सन् १९२२ में, एम ए कक्षा के छात्रों के निमित्त, समालोचना पर उनकी पुस्तक **साहित्यालोचन** निकली। पुस्तक में सात अध्याय हैं और सभी किसी न किसी अँग्रेज़ी पुस्तक पर आधारित या उसका अनुवाद हैं - मुझे विद्यार्थी जीवन में हिंदी विभाग में यह पुस्तक पढ़ाई गई थी - और

अँग्रेज़ी विभाग में इस पुस्तक का मूल **जजमेंट इन लिट्रेचर**!

जैसे अकेला चना भाड़ नहीं फोड़ सकता, एक टेक्ट बुक से काम नहीं चलने वाला! दूसरी भी इसी उद्देश्य की पूर्ति के लिए रची गई -

> यह ग्रंथ हमने क्यों लिखा, इसका कारण यह है कि ... युवती कन्याओं को वे ग्रंथ पढ़ाते हुए इतना संकोच हो सकता है कि उन्हें वे ग्रंथ आद्योपांत पढ़ाए ही नहीं जा सकते। ... कोई गुरु अलंकार-विषय का कोई ग्रंथ शिष्य को निःसंकोच-भाव से पढ़ा ही नहीं सकता, यही कठिनता दूर करने के लिए हमने यह ग्रंथ लिखा है।

इसके तीन साल बाद सन् १९२४ में इलाहाबाद युनिवर्सिटी में हिंदी विभाग खोला गया। सन् ५० के दशक में मैं यहाँ का एक छात्र था इस लिए यहाँ का अंदरूनी हाल अधिक विस्तार से बता सकता हूँ। रोना यहाँ भी वही टेक्ट बुक के न होने का! आरंभिक दिनों में तो यह स्थिति थी कि अध्यापक केशवदास, सेनापति आदि की हस्तलिखित पोथियों से रात में नकल उतारते, और अगले दिन उसे क्लास में पढ़ाते!

फिर अध्यापक गण स्वयं पुस्तक लिखने लगे! विभाग से जुड़ा हुआ प्रकाशन विभाग खुल जाने से पुस्तकें वहीं छापी जाकर विद्यार्थियों को सुलभ कराई जाने लगीं - वैसे ही जैसे बड़े कारखाने में कैंटीन खुल जाने से कर्मचारियों को गर्मा गर्म चाय पकौड़े का नाश्ता सुलभ होता है!

मेरे छात्र जीवन में, कदाचित् ही कोई अपवाद रहा हो - सभी प्राध्यापक स्वरचित पुस्तक क्लास में टेक्स्ट बुक के रूप में इस्तेमाल करते! कॉमिक सरीखा एक प्रसंग याद आ गया!

गुरु जी टेबुल पर पुस्तक फैलाकर डिक्टेशन बोल रहे थे - दाईं

तर्जनी नासिका में घुमाते हुए, जो कि उनकी प्रायः परमानेंट पहचान हुआ करती थी! आख़िरी कतार में बैठे हुए मेरे मित्र संतकुमार और मैं कागज़ की गोलियाँ बनाकर कैरम खेल रहे थे! गुरू जी का ध्यान हमारे कलम न चलाने पर गया होगा - 'मालवी, लिख नहीं रहे हो तुम!' जवाब संत ने दिया, 'पंडितजी, केशव की काव्यकला हमें भारती भवन लाइब्रेरी में मिल गई।' (मेरा अनुमान ग़लत न निकला - तब से पचास साल बाद आज भी यही पुस्तक डटी हुई है, उस हिंदी विभाग के मुझे उपलब्ध नवीनतम २००५-६ के पाठ्यक्रम में!)

टेक्स्ट बुक लिखना या कि अपनी लिखी हुई पुस्तक क्लास में पढ़ाना कोई जुर्म थोड़े ही है! पर इसका जो परिणाम हुआ उसे देखते हुए आज आधी सदी से ऊपर हुए, मुझे दुख के साथ कहना पड़ता है, गुरुदेव सच न बोले थे - न मुझसे न स्वयं से! वह अँधेरे की चौकीदारी कर रहे थे, जिसके पीछे उनका तथा उनके सहकारियों का रोशन बाज़ार लगा हुआ था! वह अँधेरा अब हिंदी भाषा और साहित्य पर इस्पात की मोटी चादर बुनकर ओढ़ाया हुआ है!

हुआ क्या? एक तो यह कि युनिवर्सिटियों के हिंदी विभागों ने तब तक अति विपुल संख्या में प्रकाशित सारे कि सारे साहित्य को अछूत करार कर दिया! उनमें से केवल गिनती के नाम भर की याद दिला रहा हूँ - नवल किशोर प्रेस से निकली पुस्तकों में से कम से कम एक हज़ार पुस्तकें क्लास में पढ़ाई जानी चाहिए थी! भारत जीवन प्रेस से निकली प्रत्येक पुस्तक! देवकीनंदन खत्री का **चंद्रकांता**, लल्लूलाल का **प्रेमसागर** भारतेंदु के नाटक!

और क्या हुआ? भूलें न, जिन राहुल जी को लेनिनग्राद युनिवर्सिटी

साग्रह अपने यहाँ बुलाती है, उन्हीं राहुल जी के लिए इलाहाबाद बनारस युनिवर्सिटियों के लौह कपाट बंद रहे! युनिवर्सिटी की चारदीवारी के बाहर से लेखक भीख की गोहार लगाता रहा - सन् १९१८ में प्रकाशित भट्ट जी के निबंध संग्रह **साहित्य सुमन** के निवेदन की पंक्तियाँ पढ़ें -

> काशी विश्वविद्यालय से भी हम यही आशा रखते हैं कि वह स्वर्गीय भट्ट जी के लेखों को अपनी पाठ्य पुस्तकों में स्थान देगा।

छंद:प्रभाकर की यह विज्ञप्ति देखें -

> इधर कई वर्षों से परीक्षा की कोर्स की पुस्तकों में भी इसकी नियुक्ति हुई है। हर्ष का विषय है कि संयुक्तप्रांत तथा बिहार की सरकार से भी यह ग्रंथ उच्च परीक्षा के लिए मंज़ूर हो गया है। (जुलाई १९३९।)

और ये हैं शब्द कानपुर की मिल में मज़दूरी कर पेट पालने वाले और अंत में कनखल में चाय की दुकान खोलकर जीवन यापन करने को लाचार अभिनव पाणिनि माने गए व्यक्ति के -

> मैं आर्थिक संकट में था, तो भी, रुपए उधार लेकर प्रथम संस्करण निकलवाया था; ... एक साधारण व्यक्ति लेखक और प्रकाशक दोनों नहीं बन सकता। मेरे जैसे गरीब आदमी के बस की बात नहीं है। **ब्रजभाषा का व्याकरण** - १९४३।
>
> भगवान् की कृपा से अब यह दूसरा संस्करण इसका आपके हाथों में है और अब तो यह सम्मेलन की उत्तमा (साहित्यरत्न), महिला-विद्यापीठ (प्रयाग) की सरस्वती,

तथा नागपुर विश्वविद्यालय की एम ए परीक्षा में स्वीकृत हो चुका है। **ब्रजभाषा का व्याकरण** १९४८।

हिंदी विभागों से प्रकाशित पुस्तकों की बाहर क्या वकत थी इसका पता इससे चलता है कि पचास साल पहले छपी हुई इनमें से अनेक पुस्तकें आज भी खरीदने को मिल जाती हैं - लखनऊ के हिंदी विभाग से सन् ७४ में (एक सेठ से ६००० रु० नक़द और ९ हज़ार का वचन लेकर) प्रकाशित **ब्रजभाषा सूर कोश** १० खंड मैंने हाल में ख़रीदा है!

यह तो बाज़ार का नियम है, माल की कमी होती है तो व्यापारी चोर बाज़ारी करता है! इलाहाबाद के हिंदी विभाग में प्राध्यापक और बाद में उसके अध्यक्ष की एक पुस्तक है **साहित्य समालोचना** (सन् १९२९) इसका पहला अध्याय है, 'कविता' - यह लेंबॉर्न की किताब **रुडिमेंट्स ऑफ़ क्रिटिसिज्म** का अविकल अनुवास है - इस तथ्य के उल्लेख बिना!

कवि दूसरे कवि का भाव चुरा लेता है, कोई तो दूसरे का एक-दो शब्द या एकाध पंक्ति उड़ा लेता है! मगर उस निर्लज्ज को जो पूरा-कि-पूरा प्रबंध ही हड़प कर जाए, नमस्कार ही किया जाना चाहिए!

कविरनुहरतिच्छायां पदमेकं पादमेकमर्धं वा। सकलप्रबन्धहर्त्रे साहसकर्त्रे नमस् तस्मै॥

हरिसाधन मुखोपाध्याय की 'सेलिना बेगम' शीर्षक कहानी सन् १८९७ में बाँग्ला की 'प्रदीप' पत्रिका में छपी है। आचार्य चतुरसेन शास्त्री ने इस पूरी कहानी को गटककर इस कहानी का अविकल अनुवाद किया है, 'दुखवा मैं कासे कहूँ सजनी'! आज पहली बार नहीं, सन्

१९६९ से कई बार इस चोरी और सीनाजोरी का पर्दाफ़ाश किया जा चुका है मगर 'लेखक' न प्रकाशक, इसका प्रतिवाद किधर से भी न किया गया! कहना न होगा, यह कहानी सन् १९२७ से प्रायः हर संकलन में चतुरसेन जी के नाम से संकलित हो पाठ्यक्रम में निर्धारित रही है!

देखना चाहिए, युनिवर्सिटी के हिंदी विभाग में 'लेखन शैली विषय प्रतिपादन-रीति' में दीक्षित प्रशिक्षित अध्यापकों की अगली पीढ़ी का पुष्पक विमान हवाई पट्टी पर तेज़ से तेज़तर दौड़ता हुआ उड़ा - उसके बाद की प्राध्यापक पीढ़ियों ने उसे ऐसा गगनविहारी बनाया कि अब तो वह 'विमानराज अत्रैव स्थीयताम्' चिल्लाने पर भी नीचे उतरता ही नहीं! युनिवर्सिटी के हिंदी विभाग से साहित्य तो पहले ही तिरोहित हो चुका था, हिंदी चिंदी-चिंदी हो गई; अब वहाँ हिंदी पत्रकारिता और जन संचार विभाग खुल गए हैं जहाँ टीवी के लंगर, अखबार का मैटर सज्जित करने वाले जैसे लोग उत्पादित किए जा रहे हैं! 'जमीनी हकीकत' तो है ही, लंगरों लंगरियों का दाहिनी मुट्ठी का सतत अश्लील संचालन 'देखन जोगू'! 'डाक्टरों' की उत्पत्ति का तो कोई हिसाब नहीं! पढ़ने में आता है यह, 'आपने अपने अधीन ३२ पी एच् डी, कराए हैं!' 'निर्देशन - १०५ पीएच डी' 'पिएच डी उपाधि के लिए शोध निर्देशन ५५ से अधिक'! तोक्यो और ओसाका में हिंदी की आरंभिक जानकारी पाए हुए जापानी युवक-युवतियों को भारत के आचार्यों से संपर्क करने पर उत्तर मिलता है, 'मेरे पास आ जाओ, मैं तुम्हें डाक्टर बना दूँगा।' भारत में चीज़ें सस्ती हैं, साल-छह महीने की तफ़रीह हो जाती है और सचमुच के डाक्टर बनकर चले आते हैं!

आम के आम औ गुठली के दाम! जै हिंदी!

कभी-कभी लोभ होता है, भरी दोपहरी में आँख खोले-खोले यह सपना देखने का कि सन् १९२० के आसपास एक युनिवर्सिटी में हिंदी विभाग खुला है, फिर दूसरी में। गिनती के अध्यापक। तो इससे क्या हुआ, 'सिंहन के लेंहड़े नहीं, हंसनि की नहिं पांत!' हिंदी का कोठार उन्होंने खोला तो उसमें मिला सोना चाँदी, हीरे-मोती से इस कदर भरा हुआ ख़ज़ाना, जैसा कि किसी प्राचीन मंदिर के भुँइहर में भी भला क्या मिलेगा! एक सौ साल के बीच प्रकाशित हज़ारों हिंदी पुस्तकें, पत्र-पत्रिकाओं के अंबार के अंबार! अकेले बनारस शहर में घर-घर से संग्रह किया गया तो ५ लाख पोथियाँ मिलीं!

माना, पोथियों का काम कठिन होता है, पर वे युनिवर्सिटी के वेतन भोगी अध्यापक तो दुनिया की निगाहों में थे - वास्तम में वे मोटिया मजूर से भिन्न न थे - ठीक वैसे ही जैसे राहुल और काशी प्रसाद जायसवाल! मजूर जैसे झल्ली में भरकर सामान सिर पर उठाकर पहुँचाता है वैसे ही उन्होंने छपा हुआ जो कुछ था, बिना भेद भाव, सब के शब्दों की पर्चियाँ बनाने का काम हाथ में लिया। बीए एमए के छात्रों को लगाकर युनिवर्सिटी से दस किलोमीटर के दायरे के भीतर जितने भी हुनर-धंधे करने वाले हैं - जैसे कि बुनकर, राजगीर, बढ़ई, कुम्हार - सब के बीच प्रचलित शब्दों की ब्योरेवार सूची बनवाई। पुरानी दिल्ली में जामा मस्जिद के इर्द-गिर्द के कारख़ानदारों की बोली, डा० गोपी चंद नारग की तैयार की गई, ८० पन्ने की सूची देखें तो इनके महत्व का पता चलेगा! देखें, 'सुमन' की **ब्रजभाषा शब्दावली** दो खंडों में, अलीगढ़ के आसपास की बोली पर आधारित; डॉ० ग्रियर्सन की

बिहारी कृषक जीवन की शब्दावली देखें! इसी प्रकार पूरे मध्य देश के लोकगीत, विषय के अनुसार, स्त्रियों और पुरुषों के ... कलकत्ता से लेकर दिल्ली तक - पूरे उत्तर भारत में! जगह-जगह की बोलियों को समेटते हुए।

पूना में पिछले एक सौ साल से संकलित होते आ रहे संस्कृत महाकोश का चयन अभी एक तिहाई भी पूरा नहीं हुआ! पाणिनि ने अष्टाध्यायी के लिए कितने बड़े भूभाग में घूम-घूमकर शब्द संचय किया था, कुएँ की जगत की बनावट के विभिन्न प्रकारों का उनका उल्लेख अचरज में डालता है! हर पर्ची पर शब्द के स्रोत का उल्लेख होने से आधार ग्रंथों की सूची बनाई जा सकती है। इससे उसकी प्रामाणिकता बढ़ती है। आधार ग्रंथों की लंबी सूची - मोनियर विलियंस, त्रिविक्रम सेठ, सीताराम लालस के कोशों की आज भी देखें तो एक-एक कोशकार का उद्यम देख उसके पैरों पर मत्था टिकाने की ललक होती है!

अब यह सारी सामग्री कंप्यूटर में भरना है! कितना भारी काम है, मगर १० हज़ार २० हज़ार कंप्यूटर आपस में इंटरनेट से जुड़े हुए हैं। और लाख-दो लाख से कम नहीं, इन पर काम को अंजाम देने वाली सुशिक्षित युवक-युवतियों की सेना तैयार है - फिर भला यह क्या कोई असंभव काम है, 'चारि जने चारिहू दिसा ते चारो कोन गहि, मेरु को हिलायकै उखारैं तो उखरि जाय!' अतिशय विपुल यह डेटा तैयार हो जाने पर ऐसा क्या कोई भी काम है जो एक बार चुटकी बजाने के साथ नहीं किया जा सकता! बुंदेली शब्दकोश बैच फ़ाइल से ३ सेकेंड में। चमड़े से मढ़े हुए वाद्यों के विषय में मुकम्मल जानकारी दो सेकेंड में तैयार। दो अरब शब्दों का संदर्भित कोश ही नहीं, विलोमाक्षर

अभिधान तक - प्रयोग प्रमाण सहित! इसे न छापें तो भी संसार के किसी भाग में बैठा हुआ व्यक्ति इसे निकालकर उपयोग में ला सकता है! हिंदी का ऐसा कोश अगर होता तो बाँग्ला भाषी थोड़े से प्रयास से नागरी वर्णमाला सीखता - इस अकूत भंडार से लाभान्वित होने को। महाराष्ट्रीय, गुर्जर ही क्या, पाकिस्तान के कई प्रदेश के लोग, फ़िजी और सुरीनाम में बसे हुए भारत वंशी विद्वान् तक - अँग्रेज़-अमरीकी, रूसी, जर्मन, जिसे भी हिंदी भाषा साहित्य के प्रयोग की आवश्यकता होती, सब ललककर हिंदी के पास दौड़े आते! हिंदी की बेजोड़ हैसियत के आगे संसार की दूसरी कोई भाषा टिक न पाती! इसीसे शब्द को ब्रह्म कहा गया, वह जो निरंतर रचनामय रहता है!

भाषा और साहित्य के एक-एक योग्य अध्येता के तैयार होने में उससे कम लंबा समय नहीं लगता है, जितना कि मस्तिष्क का जटिल आपरेशन करने में कुशल सर्जन या पारदर्शी खगोल वैज्ञानिक को! इतना ही भर नहीं, पीढ़ी दर पीढ़ी यह क्रम बीच की एक भी कड़ी छूटे बिना अनवरत अखंडित चलते रहना चाहिए! इंग्लैंड में संस्कृत की एक बोडेन पीठ थी, ऑक्स्फ़ोर्ड युनिवर्सिटी में, जिसने अँग्रेज़ विद्वानों की पीढ़ियाँ तैयार कीं। उससे कहीं अधिक उच्च कोटि के ज्ञान पुंज केंद्र होते एक-एक युनिवर्सिटी के हिंदी भवन!

मगर दोपहर में आँख खोलकर दिखे हुए सपने का बयान करने वाले को पागल करार कर कहीं अँधेरे में बंद कर दिया जाता है! कहते हैं, बीती ताहि बिसारि दै - तो क्या इसे अब नहीं किया जा सकता? मेरे लेखे तो कोई दिवांध ही अब ऐसी आशा फलीभूत होते देखेगा! हिंदी की चिंदी-बिंदी इस कदर हिंदी विभागों ने आपस में बदा-बदी

कर उड़ाई है कि अब हिंदी भाषा की और अधिक 'हिंदी करना' संभव ही न रहा! और करेगा कौन? युनिवर्सिटियों के हिंदी विभागों के भत्ताचार्य! वे तो फलाने सम्मान, ढिंगड़े पुरस्कार बटोरने और ख़ाली समय में पकड़-धकड़कर 'डाक्टर' बनाने में बिज़ी हैं! ठीक से इस बात की जाँच होनी चाहिए कि हिंदी विभागों में कैसा और कितना काम अब तक हुआ है, इस समय उनके पाठ्यक्रम में क्या है, उसकी क्या उपयोगिता है और आगे क्या किए जाने का आयोजन है। दिखलाई तो यह देता है कि आचार्य गण काम के नाम पर खुर्राटे मार रहे हैं। उनके निगरान अव्वल तो हैं ही नहीं, हैं अगर तो गाँठ के पूरे और अक्ल के अंधे! इस वक़्त कुंभकर्णी ऊँघ ऊँघ रहे हैं, इससे हिंदी की कुर्सियाँ बची हुई है! कोई दूसरा देश होता तो वह कब की अंतर्धान हो चुकी होती!

भारत के विश्वविद्यालयों तथा दूसरे उच्च संस्थानों के हिंदी विभागों में जहाँ काम के नाम पर महज़ ख़ानापूरी हो रही है, उन विभागों पर ताले लगना चाहिए। भिनभिनाती हुई बहुत सारी मक्खियाँ इतना करने से भाग जाएँगी।

रहा शासन! बात तल्ख़ है, 'अप्रियस्य च पथ्यस्य वक्ता श्रोता च दुर्लभः!' सरकार जब नौजवानों को वेश्यागमन के लिए मुफ़्त कूपन नहीं बाँटती तो फिर विश्वविद्यालयी हिंदी विभागों पर करोड़ों का खर्च भला किस खुशी में किया जा रहा है! हिंदी विभाग के न रहते हुए भी हिंदी गत काल में चौकड़ी भरती रही है, आगत काल में भी अपने पैरों चल लेगी।

हिंदी भाषा तो साक्षात् आकाशबेल ही है! बहुत सारी आकाशबेल

की रस्सी बटकर उसकी कमंद बनाएँ और उसके सहारे क़िले के परकोटे पर पहुँचना चाहें तो जो फल होगा, वही तो हुआ है हिंदी को राज भाषा बनाकर! उसकी लोथ टिकटी पर टाँगकर और उस पर सरकारी अनुदान, पुरस्कार, हिंदी दिवस, विश्व हिंदी सम्मेलन आदि की खाँड़ भी चुपड़ रखी है! इससे हिंदी पर तमाम बड़ी-बड़ी गोबरैली मक्खियाँ भिनभिना रही हैं! कहावत झूठी नहीं, कि 'जो गुड़ देने से मरता हो, उसे माहुर देने की भला क्या ज़रूरत!' हिंदी भाषा साहित्य का काम तमाम 'गुड़' देकर किया गया है -

"**हिंदी शब्दसागर** के संपादन का संपूर्ण तथा इसके प्रकाशन का साठ प्रतिशत व्ययभार भारत सरकार के शिक्षामंत्रालय ने वहन किया।"

आज भी सम्मेलन के कुर्सीधारियों को तिकड़मों से लाखों रुपए का सरकारी अनुदान मिलता है - वैसे ही नागरी सभा को दस नंबरी दरबार की छाया से।

ठोस काम करने वाले पहले भी हुए हैं। दो सौ साल हुए, गिलक्रिस्ट ने सन् १८०२ में हिंदी उर्दू की पुस्तक लिखी थी, उसके लिए ४० रुपए फ़ी प्रति अग्रिम चंदे से धन जुटाकर - फिर लागत में बढ़ावा होने से चंदे की राशि बढ़ाकर ६० रुपए की गई। फ़ोर्ट विलियम कालेज की ओर से उसकी १०० प्रतियाँ ख़रीदने का वायदा किया गया था।

जापानी भाषा का सबसे लोकप्रिय और प्रामाणिक कोश **कोजिएन** इवानामि कंपनी ने निकाला है - कोश के संशोधन परिमार्जन के लिए विद्वानों की एक स्थायी समिति नियुक्त की है। भारत में भाषा की प्रगति में सरकार का दख़ल क्या केवल इस कारण है कि उसके पास चाँदी के टुकड़े हैं - और उन टुकड़ों पर ख़रीदे जा सकने वाले भाषा के

तथाकथित 'उन्नायक' कँगले!

हिंदी के हित चिंतकों को चोटी पकड़नी होगी - मानव संसाधन विकास मंत्री जी से मिलकर पहले तो मंत्रालय का नाम बदलवाना होगा। यह नाम बिना सींग और दुम वाले ब्राउन साहब के भारतीय साहित्य, संगीत और कलाविहीन दिमाग़ ही से उपजा है। भारत वंशियों को, बिना 'संसाधन' शब्द का अर्थ जाने-समझे, 'संसाधन' बोलने में अँग्रेज़ों का औपनिवेशिक सोच दुर्गंध के भपके मारता है! उनसे कहना चाहिए कि हम खाद के लिए गोबर लीद जैसे नहीं! बहुत हो लिया, अब हिंदी की लोथ को राष्ट्र भाषा की सरकारी कँटिया से नीचे उतार दें!

हिंदी को एक अरब रुपए के ज़ोर से संयुक्त राष्ट्र संघ में चलती भाषा बनाने का विचार पागलपन के दायरे में आता है - और यह लाइलाज है! कहा गया है, 'क्षणमात्रं ग्रहावेशो याममात्रं सुरामदम्। लक्ष्मीमदस्तु मूर्खाणां आदेहानुवर्तते!' मिरगी का दौरा कुछ क्षणों में दूर हो जाता है, दारू पिए हुए का नशा चंद घंटों में, मगर मूर्ख मनुष्य का पैसे का नशा मरते दम तक पीछा नहीं छोड़ता! सरकारी काल-पाश से हिंदी का गला छुड़ाना सबसे पहला अनिवार्य कर्तव्य है।

भले ही सुदूर भविष्य में कभी भारतीयों में मन में सारे देश के हित में एक साधन रूप हिंदी भाषा के लिए लाव ललक पैदा होगी, साथ ही अपना पित्त पानी एक करने की क्षमता भी, वे हिंदी को फिर से जिलाकर, पाल पोस कर बड़ा कर लेंगे। हमने माता का स्तन चुकहकर पीते हुए उसके साथ बोली भी पाई है - उस हमारी मातृभाषा की घर-घर धंधे करने वाली कामकाजी सबसे छोटी बहिन ही तो है

हिंदी! मैंने अपने कानों से सुना है, बंगाले से लेकर बंबई तक और पेशावर से रामेश्वरम तक हमारी अवधी, बैसवाड़ी, छत्तिसगढ़ी आदि में हमारे मन में कही बात को दूसरों पर प्रगट कर देती है! आज इसी दुर्दिन की मारी बेचारी के घर में देश के सबसे अधिसंख्य रोगी, निरक्षर, लत्ते लगे नृपशु जैसे तैसे जी रहे हैं - यह उन सब को अपने लिए रोटी कपड़ा अपने ही बाहुबल से अर्जित करने योग्य मानव बना सकती है; नहीं तो ख़बरदार, सारे संसार में सबसे भारी संख्या के कंगालों को यहीं घसीटकर ला खड़ा करेगी, हिंदी!

*

हिंदी की जमीनी हकीकत

गत मार्च मेरे एक मित्र दिल्ली से जापान आने को थे। उन्होंने मुझसे पूछा, भारत से मुझे कोई पुस्तक अगर मँगानी हो तो वह लेते आएँगे। मैंने उन्हें बताया, दूसरे कामों के आगे पढ़ने का समय नहीं मिल पाता। कभी रात सोने से पहले कुछ न कुछ पढ़ते हुए सोने की आदत थी - अब तो स्मृति से चुन-चुनकर गालिब, कालिदास आदि के सुभाषित दुहराकर मनोविनोद कर लेता हूँ। फिर भी वह दो दिन के हिंदी दैनिक पत्र और दो साप्ताहिक हिंदी पत्रिकाएँ लेते आए, "आपको स्वदेश का कुछ हाल-चाल मिल जाएगा।" वह बेचारे मेरी ख़ातिर ढोकर ले आए, ले लिया मगर सच कहूँ, खोलकर पढ़ने से कतराता रहा! मानों कोई दुर्घटना होने की आशंका से डरकर।

कोई हफ़्ता-दस रोज़ बाद एक पत्रिका खोलकर पेज पर छपी इबारत पर नज़र दौड़ाई - बड़े बाबू के कार्टून सहित विज्ञापन, 'अधिकारियों ने कब्जाए', फिर पत्रा पलट दिया - आंधी ५ मरे। प्रदेशिक घटनाओं

पर रिपोर्ट। इंटरनेट के ज़रिए अल जज़ीरा वग़ैरह से वे खबरें देख चुका था।

वह वहाँ नहीं था, उस ओर इशारा तक नहीं, जो मैं वहाँ घटित हुआ पिछले कई महीनों, बल्कि कई बरसों से लगातार घटित होता हुआ देखता आ रहा हूँ - इस क्षण भी वह मेरी आँखों के आगे से हट नहीं रहा है!

ऐसा क्यों? क्यों मुझे तो दिखलाई देता है पर वहाँ औरों को दिखलाई ही नहीं देता! या कि दूसरे किसी को जो नज़र में नहीं आता, वह मुझे ही क्यों दीख पड़ता है! यह ऊँचे दरजे की अफ़लातूनी लफ़्फ़ाज़ी नहीं - मैं इतनी सरल रीति से कह रहा हूँ कि स्कूली बच्चा भी मेरी बात समझ जाएगा।

क्या इसकी वजह यह तो नहीं कि वहाँ अब लोग देखते तो हैं, मगर आँखों के सामने होने पर भी वह उन्हें नज़र नहीं आता! ऐसा होता है न, कि सुनाई देने पर भी सुनते नहीं - पड़ोसी का टी वी पूरे वाल्यूम पर हो तो शुरू में तो कानों को खलेगा मगर आधा दिन, एक दिन, फिर हमेशा उतना ही ऊँचा वाल्यूम होने पर वह घने जंगल से अधिक नीरव हो जाएगा, न!

एक बात और। दिखलाई देता है, मगर वह पहचान से बाहर होने के सबब खुलासा बयान से भी बाहर हो जाता है! चीनी भाषा के अखबार का छपा हुआ पन्ना आपके-मेरे आगे या कि दिल्ली से लाई हुई सचित्र हिंदी पत्रिका एक चीनी ग्रामीण के चेहरे के आगे समान रूप से वर्णनातीत होगी।

मुझे यही लगता है, 'बयान से बाहर' निकल जाना, भाषा का।

ऐसी भाषा से डर के मारे मैं मित्र की तोहफ़ा पत्र-पत्रिका को पढ़ने से टरकाता रहा। हवाई तर्क नहीं, जमीनी हकीकत पर आएँ।

याद है न उस यक्षी की, जिसकी छातियाँ और पेड़ू के नीचे का हिस्सा लाखों द्वारा सहलाए जाने से हथेलियों के मैल से काले हो गए हैं। उसी यक्षी को फ़िल्माए जाने का वाकया है। दिल्ली, रात ९ बजकर ५० मिनट, जगमग करते आठ नंबर नेशनल हाइवे के किनारे एक जवान जोड़ा पड़ा है। देह पर फटे हुए चीथड़े कपड़ों के सिवा दोनों नंगे। युवक के सिर से खून बह रहा है, लड़की के स्तन जहाँ तहाँ नुचे हुए, जाँघों के बीच खून भरा घाव। सामने से कारें फर्र-फर्र गुज़रती जाती हैं। युवक बार-बार एक हाथ उठाकर इशारा करता है - चिल्लाकर कुछ कह भी रहा है, "कोई कपड़ा ..." एक कार थोड़ा धीमी होती है, शीशा गिराकर सरदार जी पल भर में सब देखकर शीशा ऊपर, भर्र से सुज़ुकी मारुती हवा हो जाती है! एक और कार - एक और कार - एक और कार -

मैंने कहा न, देखते हुए दिखलाई नहीं देता, दिखलाई देते भी पहचान में नहीं आता, 'क्या!' 'क्यों'! अगली सुबह सरदार साहब के आगे परसा हुआ है, छोला पराँठा और मग्गा भर लस्सी का नाश्ता और टी वी पर न्यूज़। अब हर चैनल पर फेरी लग रही है, खून से लिथड़ी उसी एक यक्षी की। सरला मैडम ओलिव आयल में पूरियाँ निकालते हुए वही न्यूज़ सिर्फ़ सुन रही हैं - कल रात आखों से जो देखा था, वह ग़ायब हो चुका है! इसके आगे 'हाय हाय' होगी, नया क़ानून बनेगा, और और सब कुछ होगा, फिर सुई आकर १२ पर रुक जाएगी! कुछ होता क्यों नहीं??

लाखों बरस से सोया हुआ ग्लेशियर क्यों जागकर अचल से सचल हो उठा? पहाड़ी नदी के दोनों ओर की ढलानों के जंगल काट-काटकर अधिक से अधिक यात्रियों को ढो लाने वाली बसों के लिए रास्ते, उन्हें ठहराने के लिए होटल, जगह-जगह बाँध किसने बनाए थे? जोशियाड़ा के पुरोहितों ने क्या इसे देखा न था? आँखों के सामने था, देखा भी था मगर पहचाना नहीं! क्या आगाह नहीं किया था गंगा ने, कि मेरा नाम-जप करने वाले को 'विमुच्यते सर्व पापेभ्यो विष्णुलोकं स गच्छति!' - सारे पापों से मुक्त कर विष्णु लोक ले जाऊँगी!' जी हाँ, सुनाई दिया था घोर गर्जन, मगर सुना नहीं। इसी से मंदिर के आगे अब सड़े हुए शव नहीं रहे - वहाँ नरमुंडधारी शिव के गले से टूटकर बाहर कंकाल बिखरे हैं!

'मरने वाले बच्चों की संख्या बढ़कर २३ हुई' लेकिन बस से बच्चे का शव उतारकर ले जा रहे रोते-बिलखते बाप, छाती पीट कर रोती माएँ - टी वी चैनलों पर जितने लंबे समय और जितनी बार दिखलाया गया उसके हिसाब से कुल जोड़ कई सौ बच्चे मरते हैं - ज़ाहिर है टी वी का २० २५ या ३० मरे हुए बच्चों से मन भर नहीं रहा! किसी ने मन में भी न पूछा, 'क्यों ये बच्चे मारे गए!' जिस साहू की दूकान से तेल आया था, उसे खाली कनस्तर मिला। उसे मालूम था कि इसमें पहले कीड़े मारने की दवा भरी थी उसने। खाली कनस्तर में उसने तेल भर दिया - कुछ ग़लत तो नहीं किया। बस, बीच का समीकरण 'कीड़ा मारने की दवा = ज़हर' वह भूल गया! कहूँगा, 'ज़हर से जान चली जाती है, कीड़े की हो कि मनुष्य की' - 'ज़हर' शब्द मर गया था, बस। यही न, बच्चों को जान से मार डालने का उसका

कोई इरादा था ही नहीं!

होश में आएँ, इन घटनाओं का भूगोल भूल रहे हैं आप! यह जालंधर से लेकर कटिहार तक ज्वालामुखी के ठंडे लावे सा पसरा हुआ मध्य देश और 'काऊ बेल्ट' गाय पट्टी है। पंजाब में स्वामी रामतीर्थ और श्रद्धानंद, गुजरात में दयानंद सरस्वती; महाराष्ट्र में तुकाराम, महात्मा फुले, अंबेडकर; बंगाल में राममोहन राय, अरविंद, विवेकानंद। और यहाँ? याद है, मेरे यह कहने पर कि इसी मध्य देश ने हमें ५-६ प्रधान मंत्री दिए हैं, प्रसिद्ध खगोल शास्त्री डॉ० जयंत नार्लीकर ने वक्र दृष्टि से मुझे देखते हुए पूछा था, "और क्या दिया!"

हमारे देश की एक विलक्षण विशेषता आप भूल रहे हैं। स्वाधीन होने के बाद हमारा सर्वोच्च स्तर का नेतृत्व - पाँचों प्रधान मंत्रियों को शामिल करते हुए - सारे भारत के किसी भी आंतरिक अंग, जैसे कि साहित्य (कालिदास, ढोलामारू, घाघ की कहावत, सूरदास का पद); संगीत (भैरवी, कीरवानी राग, कहरवा ताल, कुचिपुडी); संस्कृति (मकर संक्रांति, ओणम, अक्षय तृतीया) कला (रोचना, ढेड़िया) से छू तक नहीं गया है! नतीजतन् 'प्रजा' भी उन्हें पहचानती नहीं! गणेश मूर्ति को दूध पिलाते हुए भक्त और युवा हृदय सम्राट् के जन्मदिन पर उनके फ़ोटू को मिठाई खिलाते प्रशंसक। कुछ देर रुककर इस बात को अपने दिल में रसने-बसने दें, फिर पड़ताल करें, संसार के और किस देश में भला ऐसा नेतृत्व पाया गया है! चिले से लेकर अलास्का और मोराक्को और दक्षिणी अफ्रीका तक किसी भी छोटे कि बड़े देश का राष्ट्रपति कि प्रधान मंत्री!

एक ही परिवार के पाँच प्रधान मंत्रियों ने देश की संसद में जिस

भूभाग का प्रतिनिधित्व पिछले पचास बरस किया, वह अवध का इलाक़ा, तुलसीदास और मलिक मुहम्मद जायसी का है। जायसी को छोड़ दें, तुलसीदास का कोई दोहा या चौपाई इन पाँच के मुँह से क्या सुनी जा सकती है!

यह एक सचाई हिंदी के भाग्य ही को नहीं, पूरे अवध प्रांत के करोड़ों निवासियों को चूहों के समान, आगे-आगे बाँसुरी बजाते जाने वाले जादूगर की तरह, गहरे समुद्र में डुबो मारेगी!

यहाँ परदेशी कि देशी का सवाल है ही नहीं। इंग्लैंड में वाइकिंग से लेकर फ़रासिसियों तक का वर्चस्व रहा। सारा दक्षिणी अमरीका स्पेन-पुर्तगाल के पैरों तले रौंदा गया। दूर क्या, हमारे ही देश में कलचुरी साम्राज्य के इतिहास में हूण राजकन्या और उसके युवराज का शासन भी रहा है - कलचुरि राजा कर्णदेव की रानी आवल्ल हूण कुल की थी, उसका पुत्र यशःकर्णदेव उत्तराधिकारी बना, अनंतर गयकर्ण - 'अजनि कलचुरीणां स्वामिना तेन हूणान्वयजलनिधिलक्ष्म्यां श्रीमहावल्लदेव्याम् श्रीयशःकर्णदेवः।' **एपिग्राफ़िका इंडिका २, ३-५**। मगर इंद्रधनुषी रंगों में से किसी एक से भी न रँगा हुआ आज का सा नेतृत्व - ऐसा पहले कभी न हुआ! 'जिंदा हिंदी' के मुहावरे में कहें तो जमीनी हकीकत बनती है यह, हिंदी की!

इस लेखमाला का आरभ किया था पतंजलि के सूत्र से, क्योंकि यह द्रष्टा उत्तर नहीं, प्रश्न के मूल ही नहीं, बीज तक जाकर वहाँ से प्रस्फुटित करता है प्रश्न, 'क्या' और 'क्यों'! लेकिन देखता हूँ, उनके 'पहचान बताने वाले शब्द' (कः शब्दः) को खा गया है 'काल'! जानता हूँ, सर्वोपरि 'काल' से आगे अनुमान और कल्पना की भी

पैठ नहीं - 'कालोऽस्मि लोकक्षयकृत्प्रवृद्धो' 'काल हूँ मैं, सब का नाश करने को बढ़ा हूँ (गीता), 'सर्वं संहरते कालस् तस्मात् कालो महत्तरः' 'सब कुछ का संहारक है काल, इससे काल ही सर्वोपरि है' (चाणक्य)।

इसी से तो अब 'शब्द' घर-बस्ती बहाऊ, आबाल वृद्ध को बिना चबाए ही खाऊ हो गया है! कैसे? इस रहस्य का पता जिस मनुष्य को है, अभी वह सो रहा है प्लेटफ़ार्म पर अखबार के पन्ने बिछाकर, अपने जूते सिर के नीचे दबाए। उससे बालिश्त भर की भी दूरी न होगी, ताज़ा घायल या कि ताज़ा लोथ के खून की चौड़ी पट्टी अब तो सूख गई है। वह उठे तो पूछूँ कि कटी-फटी लोथ घसीट कर ले जाए जाने के बाद वह अखबार बिछाकर सोया था या कि वह पहले से सो रहा था, शोरगुल में भी उसकी नींद न टूटी।

इस लेखमाला का समापन करते हुए एक प्रश्न करना चाहता हूँ, लेकिन पहले वायदा करें कि उत्तर मुझे नहीं, कभी आदमकद आइने के आगे से गुज़रते हुए उसमें जो व्यक्ति आप ही को एकटक ताकता दिखलाई दे रहा हो, उत्तर उसे देंगे ...

*

जॉन गिलक्रिस्ट की पुस्तक

The Hindee-Roman Orthoepigraphical Ultimatum

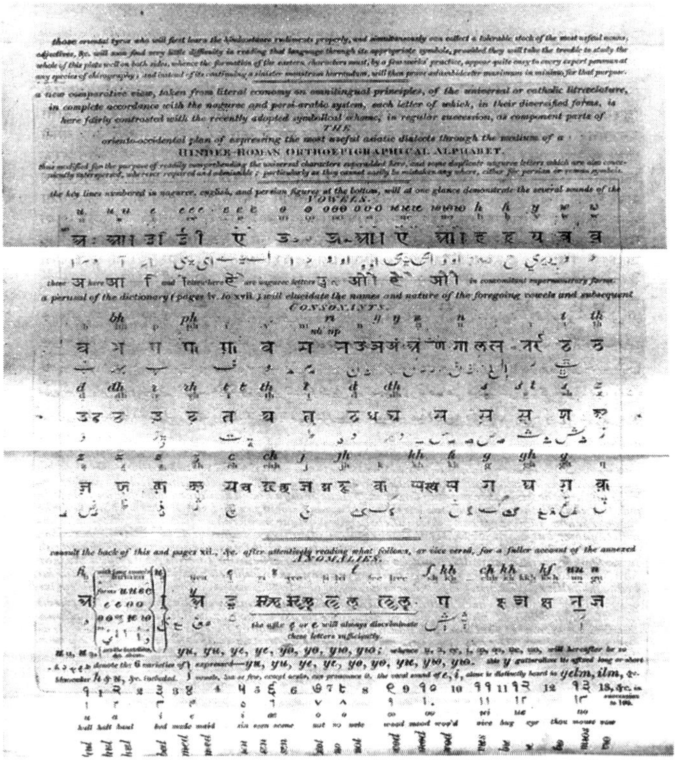
those oriental tyros who will first learn the hindoostanee rudiments properly, and simultaneously can collect a tolerable stock of the most useful nouns, adjectives, &c. will soon find very little difficulty in reading that language through its appropriate symbols, provided they will take the trouble to study the whole of this plate well on both sides, whence the formation of the eastern characters must, by a few weeks' practice, appear quite easy to every expert penman at any species of chirography; and instead of its continuing a sinister monstrum horrendum, will then prove an ...

a new comparative view, taken from literal economy on omnilingual principles, of the universal or catholic litreculature, in complete accordance with the nagurec and persi-arabic system, each letter of which, in their diversified forms, is here fairly contrasted with the recently adopted symbolical scheme, in regular succession, as component parts of

THE

oriento-occidental plan of expressing the most useful asiatic dialects through the medium of a

HINDEE-ROMAN ORTHOEPIGRAPHICAL ALPHABET.

the key lines numbered in nagurec, english, and persian figures at the bottom, will at one glance demonstrate the several sounds of the

VOWELS.

a perusal of the dictionary (pages iv. to xvii.) will elucidate the names and nature of the foregoing vowels and subsequent

CONSONANTS.

consult the back of this and pages xii., &c. after attentively reading what follows, or vice versâ, for a fuller account of the annexed

ANOMALIES.

the affix ̣ or ̤ will always discriminate these letters sufficiently.

yu, yu, ye, ye, yo, yo, yuo, yuo; ... expressed—yu, yu, ye, ye, yo, yo, yu, yo, yuo. ... yelm, ilm, &c.

hull halt haul bed made maid sin seen scene nut no note wood mood woo'd vice buy eye thou mouse vow

'देव संपूर्ण ग्रंथावली' का संपादन

१८ वीं शती के आरंभिक काल में इटावा जनपद में उत्पन्न कवि देव का संबंध भरतपुर के प्रसिद्ध जाट शासक सूरजमल और असोथर के भगवंतराय खींची जैसे हिंदू अधिपतियों ही से नहीं, मुग़ल दरबार के अमीर ख़ाँ और अकबर अली ख़ाँ के समान उच्च पदाधिकारियों से भी था।

मध्यकालीन हिंदी साहित्य के इतिहास में कविवर देव का बहुत ही गौरवपूर्ण स्थान है। विशाल आकार की दृष्टि से भी कवि के १८ लक्षण तथा लक्षणेतर ग्रंथ, ४६२० छंद, २ लाख १६ हज़ार की विपुल शब्द-संपदा, एक तुलसी-साहित्य को छोड़, अन्यतम है। अब से एक सौ वर्ष हुए, देव के अनेक ग्रंथ प्रकाशित हुए थे। इसके साथ ही देव-बिहारी की वरीयता को लेकर उठे साहित्यिक विवाद ने हिंदी में तुलनात्मक समालोचना को जन्म दिया। फिर भी कृतियों के सुसंपादित संस्करण के अभाव में कवि के काव्य का समीचीन मूल्यांकन न हो पाया, कवि को वैसी लोकप्रियता न प्राप्त हो सकी जिसका वह वास्तव में अधिकारी है।

इतना बृहत् कार्य भारत में किसी साधन संपन्न संगठन के करने का क्या न था? कहते हैं, नागरीप्रचारिणी सभा ने इस कार्य में एक प्रसिद्ध विद्वान् को नियुक्त किया किंतु संपादन पूरा न हो पाया। होता कैसे! इसे तो संपन्न होना था, सात समुद्र पार जापान, क्योतो ज़िले के एक ठेठ पर्वतीय गाँव में निवसित ऐसे भारतीय द्वारा जिसने अपने जीवन के लगभग ५० वर्ष देवकाव्य के अध्ययन-अनुसंधान में लगाए हैं!

देवकाव्य में दुरूहता कहीं है ही नहीं; ऋजुता है और यह स्वाभाविक

तरलता ही पाठसंपादक के छक्के छुड़ाती, देव को फ़ारसी का 'देव' सिद्ध करती आई है! कवि का अध्ययन कितना व्यापक था, भाषाओं पर उसका अधिकार कैसा विलक्षण, इसका परिचय इस ग्रंथावली की भूमिका में दी गई पादटिप्पणियों को देखने मात्र से हो सकता है। एक ओर **साहित्यदर्पण**, **काव्यादर्श** तथा **रसमञ्जरी** आदि संस्कृत काव्यशास्त्रीय मानक ग्रंथ, तो दूसरी ओर भागवत पुराण, **गीतगोविन्द** और **भट्टिकाव्य** प्रभृत साहित्यिक ग्रंथ। संस्कृत के विशाल लौकिक वांग्मय को जनभाषा में सर्वसुलभ करने का कितना विराट् आयोजन हुआ है, देवकाव्य में!

शब्दों का वास्तव में जादूगर है, यह कवि! वक्षस्थल के अर्थ में 'ऊधस्' वैदिक संस्कृत का है, 'भुजिष्या' भी संस्कृत का टकसाली शब्द! भाषा को यह कवि सर्वथा नवीन अर्थवत्ता प्रदान करता है। भाषाकाव्य में प्रयुक्त होकर भी 'रंभा' स्वर्ग की प्रसिद्ध अप्सरा न होकर कटिप्रदेश का आभूषण है, '***रंभोरू अदंभ रंभा को सो परिरंभन है***'; 'मनुहार' तृप्तिदायी का व्यंजक, सभी संस्कृत के मौलिक अर्थों में। ऐसे सौ-दो सौ नहीं, शब्दों के न जाने कितने सहस्र मणि-माणिक्य देवकाव्य को अलंकृत करते है।

और संस्कृत ही क्यों! अरबी-फ़ारसी भाषा में भी देव की समान गति देख बड़ा अचरज होता है। **भागवत** १०-२५ के ९ से १२, चार श्लोकों में अंतर्निहित भाव को कवि ने मात्र एक अरबी शब्द में समेट लिया है, غول (ग़ौल्) से व्युत्पन्न, किंतु संस्कृत व्याकरण के 'रलयोरऽभेद' द्वारा अनुशासित 'गोरा धार' में, '***पवन प्रचंडनि अषंड गोरा धार जल निराधार गोकुल विकल वृद्धि वीनी है।***' '***कीनो***

षरोसु षरो सुनि देष्यो', भंगपद श्लेष द्वारा चमत्कृत पदावली, फ़ारसी मुहावरे خروش کردن (खुरोश कर्दन्) का रूपांतर है! अरबी के عجلت (अजलत) से 'उजराइ', शब्द प्रयोग चापल्य के अर्थ में, '***अंजन दै नैननि अतर मुष मंजन कै लीने उजराइ कर गजरा जराइ के!***'

हिंदी के सर्वाधिक लोकप्रिय जातीय छंद, कवित्त- सवैया, वस्तुतः संगीत के तीन ताल तथा कहरवा की लोकधुनों पर आश्रित हैं अतः इनमें निबद्ध होते ही कवि की सहज उक्ति में मृदंग और पखावज पर मानों झंकृत होता शास्त्रीय संगीत सुनाई देता है।

भीतर नीर सरोजकली उर त्यो परतीति उरोजहि याकी। सूर उदै परै पूरव जोति अपूरव जोवन जेव जिया की। फूलि फलैगी मनोरथ वेलि लसै नवला नवलाल पिया की। ज्यो लपटी पट जोति दिया त्यो तियातन रूपकला दुतिया की॥

हिंदी क्या, संस्कृत साहित्य में भी इस अभिव्यक्ति के जोड़ की उक्ति भला कहाँ है!

ऐसे अप्रतिम कवि के काव्य का अध्ययन, विश्लेषण तथा समग्रता में संपादन करने के लिए एक मनुष्य का पूरा जीवनकाल चाहिए! लक्षण ग्रंथों के संपादन में इलाहाबाद विश्वविद्यालय की डी० फ़िल् उपाधि के निमित्त लगा था। बनारस से बीकानेर तक, घूम-घूमकर हस्तलेख एकत्र किए। कवि के दो नवीन लक्षणग्रंथ मिल गए, **जयसिंहविनोद** तथा **सुमिलविनोद**! जापान के एक विश्वविद्यालय में विज़िटिंग प्रोफ़ेसर के पद पर २५ वर्षों तक कार्यरत रहते हुए भी देवविषयक गवेषणा शनैः शनैः प्रगति करती रही। दस वर्ष हुए, पदमुक्त होने पर इस बार कवि

के समस्त कृतित्व का संपादन करने का संकल्प किया। देश-विदेश के प्राचीन संग्रहों से संकलित लगभग एक सौ पुराने हस्तलेखों के आधार पर किया गया यह संपादन स्वयं में एक मानक स्थापित करता है।

तीन सौ वर्ष पहले ब्रजभाषा की वर्णमाला, पुरानी वर्तनी, फ़ारसी लिपि का उस पर प्रभाव, दोहा आदि छंदों का आंतरिक गठन, लय, अनुप्रास इत्यादि सभी मूलभूत मानदंडों की गहराई से परीक्षा, देवकाव्य के एक-एक शब्द तथा उसकी वर्तनी तक का निर्धारण, संस्कृत, फ़ारसी आदि के दशाधिक कोशों से प्रामाणिक अर्थ का निश्चय करते हुए इस संस्करण की संपादकीय भूमिका ही ग्रंथावली की एक तिहाई है! संपादित पाठ के साथ व्यापक रूप से आकलित पाठभेद ही नहीं समान छंद होने पर उसका तुलनात्मक स्थल निर्देश भावी अध्येताओं के लिए आगामी शोध का मार्ग सुगम करता है। एक सौ पृष्ठों से अधिक लंबी छंद प्रतीकों की सूची भी तुलनात्मक अध्ययन के लिए अति उपादेय है। संपादक के जीवन भर के श्रम का निष्कर्ष है, **देव संपूर्ण ग्रंथावली**!

हिंदी भाषा हो या साहित्य, ये आज अज्ञान और पिछड़ेपन के पर्यायवाची क्यों हैं! जो भूभाग अभी हाल तक सारे देश का सांस्कृतिक केंद्रस्थल था, वही मध्यदेश आर्थिक विपन्नता से, अन्य प्रांतों की अपेक्षा, अधिक ग्रस्त क्यों है! हमारे हृदयपटल पर ध्वन्यात्मक बिंब के रूप में अंकित होकर भाषा हमारी भूख-प्यास को अन्न-जल से जोड़ती है, कारीगर के हाथों को औज़ार के ज़रिए आजीविका से मिलाती है, गणित के जटिलतम कूट प्रश्नों का विश्लेषण भी वही भाषा निर्वाक् करती है! तभी तो पशुजगत् के जीव, अबोध शिशु या मानसिक रूप से विक्षिप्त मनुष्य अपनी क्षुधा-पिपासा आदि का निदान बोलकर नहीं

कर पाते! मनुष्य में भाषागत असमर्थता भी उसे अधमता के गर्त में गिराती है। स्मरण रहे, 'हिंदूकुश' भौगोलिक स्थल का नाम न होकर एक जाति के क्रमिक पतन का सचल विशेषण है, जो तक्षशिला से लेकर कश्मीर ही नहीं, नालंदा तक के ध्वस्त विद्यापीठों में एक सहस्र वर्ष से अनवरत गूँज रहा है, '***कः शब्दः***' शब्द क्या है!!

प्रशासन, करोड़ों रुपए व्यय कर भी, हिंदी भाषा-साहित्य को उसका खोया हुआ गौरव नहीं दिला सकता, न ही दर्जनों बार विश्व हिंदी सम्मेलनों का आयोजन। निरक्षर किसान भी जानता है, फ़सल उगाहने के लिए कड़ी धरती को जोतना, बोना, सींचना होता है, खेत की निराई-सोहाई करनी होती है। हिंदीभाषी क्षेत्र की आर्थिक ख़ुशहाली से जिसको भी लगाव है, वह संसार के किसी भी कोने में क्यों न बसा हो, हिंदी भाषा-साहित्य के भंडार को निरंतर भरते रहना उसका अनिवार्य कर्तव्य है। हिंदी के नाम पर दिवस, समारोह, सम्मान और पुरस्कार वितरण के हो-हल्ले में इस करणीय कर्तव्य की सतत उपेक्षा होती रही।

विश्व में दूसरे सर्वाधिक बहुसंख्य जनसमुदाय की भाषा हिंदी, और उसके सबसे नामी कोश के प्रायः हर पृष्ठ पर भद्दी भूलें, इसके लिए दोषी कौन है? हिंदी में उपलब्ध विश्वकोष का नवीनतम संस्करण किस वर्ष का है? इसका उत्तर न दे पाने से हमारा मन क्षुब्ध नहीं होता तो क्या लज्जा भी नहीं आती? इस दयनीयता से उबरने के लिए सामूहिक रूप से प्रयास तत्काल आरंभ किए जाने पर भी उसके फलीभूत होने में, कम से कम, अगले पचास वर्ष लग जाएँगे।

महाकवि देव की समस्त कृतियों का पूर्ण मनोयोगपूर्वक किया गया यह मानक संपादन, आनेवाले समय में पर्वतशिला की भाँति अडिग

बना रहेगा। हिंदी साहित्य तथा हिंदी के भाषा भंडार को सुदूर देश जापान में प्रवसित एक देशानुरागी हिंदीभाषी भारतीय की यह विनम्र भेंट है, "*प्रयाग में संगमतट की मुट्ठी-भर खेह से निर्मित हुई है, यह मेरी देह। इस बात का थोड़ा भी सही, ऋणशोध मैं कर सकूँ, फिर यह जापान की हो या कहीं और की रेह में मिलकर एक हो जाए, कोई बात नहीं!*"

*

बिहारीदास की सतसई

हिंदी के साहित्यिक ग्रंथों में बिहारीदास की **सतसई** के समान प्रसिद्धि कदाचित् तुलसीकृत मानस ही को प्राप्त है। लगभग सात सौ अति ललित दोहों का यह संग्रह सभी कोटि के काव्यरसिकों का इस समय भी कंठहार है। इसके जितने अधिक संपादन हुए, हिंदी साहित्य के इतिहास में किसी दूसरी रचना के न हुए होंगे। श्री जवाहरलाल चतुर्वेदी ने इसकी ८९ टीकाओं की सूची दी है; इनके अतिरिक्त भी **सतसई** की टीकाएँ पुराने ग्रंथों की सूची में मिल जाती हैं। इन सब का अपना ऐतिहसिक दृष्टि से महत्व है।

आठ वर्ष हुए, **देव संपूर्ण ग्रंथावली** का संपादन पूरा कर मैंने छुट्टी पाई, पिछले ४० वर्ष कविवर देव के समस्त ग्रंथों के संपादन में लगे रहने की क्लांति – तो साथ ही २ लाख १६ हज़ार शब्दों के भारी बोझ को निर्दिष्ट स्थल तक पहुँचा देने वाले श्रमिक की मानसिक विश्रांति, तीन-चार दिन तो मैं कुछ अनमने भाव से **सतसई** की अपनी पोथियों के पन्ने उलटता-पलटता रहा, फिर मुझे यह देखकर थोड़ा अचरज हुआ कि दर्जन भर से अधिक प्रतियाँ मेरे सामने हैं फिर भी उनमें परस्पर संबंध का एक भी सूत्र कहीं नहीं! एक ही कृति की ४-६ पोथियाँ हों तो उन्हें ऊपर-नीचे की प्रति परंपरा में प्रायः रखा ही जा सकता है! इससे मेरा कुतूहल बढ़ा और मैं अधिक सजग होकर **सतसई** के पाठ की परीक्षा करने लगा। **सतसई** के पाठ की जटिलता मेरे सामने धीरे-धीरे अधिकाधिक स्पष्ट होती गई! कहना चाहिए कि वैज्ञानिक विधि से संपादन किया जाए तो **सतसई** से अधिक गुत्थीदार मध्यकालीन काव्य कृति कदाचित् ही कोई और हो! इस जटिलता के

आकर्षण में बँधकर मैं **सतसई** के संपादन में प्रवृत्त हुआ।

पता चला कि **सतसई** की केवल दोहा मात्र की पोथियों के सहारे, वे संख्या में चाहे पचास हों, चाहे पाँच सौ, **सतसई** का सफल पाठसंपादन अब तक न किया जा सका और भविष्य में भी कभी न किया जा सकेगा। इतने अधिकारपूर्ण कथन की संक्षिप्त व्याख्या अपेक्षित है।

भारी भ्रम की शुरुआत हुई इस धारणा से कि **सतसई** हमारे सम्मुख एक पूरी पुस्तकाकार ग्रंथित रचना के रूप में जैसे आज है, इसी रूप में इसे लिखा भी गया होगा। अर्थात्, प्रथम दोहा "मेरी भौबाधा हरौ" आदि के बाद दूसरा दोहा, और इसी क्रम से अंतिम दोहे तक पहुँचने पर यह रचना पूर्ण हुई होगी। वास्तविकता का इस अनुमान से दूर का भी वास्ता नहीं! बिहारीदास ही नहीं, किसी भी दूसरे कवि की **सतसई** इस प्रकार नहीं लिखी गई। **सतसई** तो मुक्तकों का संग्रह है, कवि द्वारा समय-समय पर रचित दोहों अथवा अन्य रचनाओं में पहले से विद्यमान दोहों का!

मतिराम सतसई के कुल ७०४ दोहों में १७६ दोहे **ललितललाम** आदि कवि के अन्य ग्रंथों के हैं। ऐसे ही तुलसीदास की **दोहावली** और रहीम की **रहीम सतसई**।

बिहारी **सतसई** की प्रतिलिपि परंपरा उपरोक्त से सर्वथा भिन्न ही नहीं, अत्यंत जटिल भी निकली!

कवि ने एक दोहा पढ़ा; फिर स्वयं कवि ने या कि उसके किसी शिष्य ने वह दोहा लिपिबद्ध किया, एक पुस्तिका में नहीं बल्कि अकेले एक पत्र या कि एक चौपहल मोड़े गए पन्ने, चौपतिया, पर। इस 'कवि या कि उसके शिष्य' से अनेक जटिल प्रश्न उत्पन्न होते हैं! कवि स्वयं

लिखे तो अशुद्धि होने की संभावना न के बराबर होगी। और यदि किसी अन्य व्यक्ति ने लिपिबद्ध किया तो वह लिपिक कौन था; कवि का शिष्य अथवा राज दरबार में नियुक्त पेशेवर लेखक! इतना ही नहीं, दोहा लिखा किस लिपि में गया, नागरी में या कि फ़ारसी अक्षरों में। इनमें से हर प्रश्न के पीछे कारण तथा उसका निराकरण छिपा हुआ है। आगे इनमें से कुछ को स्पष्ट किया जा रहा है।

सतसई के पाठांतरों को इस दृष्टि से देखें कि पाठभेद - तथा वर्तनी भेद भी - किन शब्दों के मिलते हैं तो यह स्पष्ट होगा कि **सतसई** में पाठांतर तो नाममात्र को हैं; भरमार है मात्राओं के अभाव में, सिर-पैर कटी कबंध वर्तनी की! ९९ फ़ीसदी ऐसे स्थलों पर केवल मात्राओं, विशेषतः इकार तथा उकार, का अंतर है। निम्नलिखित, निष्प्रयास चुनी गई, पाठविकृतियों पर ध्यान दें -

निकसत - निकसिति, 'सि' की मात्रा पर काटने का चिह्न - निकसति - निकरत [००६]; कहत - कहित [००९]; वारनु - वारन - वारनि - वारुनु [०१०] जुगति - युगति - जुगत - जुगती [०१३] झुलमुली - झिलमली - झलमली - झिलमिली - झुलमली - झलमिली - झिलिमिली; सुरतरु - सुरुतरु - सुरतस - सुरतर [०१६]

इससे दो बातें प्रगट होती हैं। एक तो मात्रिक अंतर से होने वाली व्याकरणिक त्रुटि। "वहके सव जिय की कहत [००९]" कहित - चौ० व्याकरण सम्मत नहीं - वस्तुतः यहाँ लिपिक को کہت 'हे' के नीचे लगे उलटे पेश ٗ को इकार की द्योतक मात्रा ज़ेर समझने का भ्रम हुआ है। दूसरे, दोहा मात्रिक छंद होने से दूसरी-चौथी यति के अंतिम

स्वर, तुकांत पर यह भिन्नता अक्षम्य मानी जाएगी लेकिन यह दोष तो **सतसई** की हस्तलिखित पोथियों में भरा पड़ा है! विचार करें तो स्पष्ट होगा कि नागरी लिपि में लिखते हुए ऐसी त्रुटि संभव नहीं - बेतुकापन तुरत लिपिक के कानों को खटकेगा! यह भी नहीं तो देखते ही अशुद्ध लिखा हुआ आँखों में गड़ेगा। 'बुरौ बुराई जौ तजै' [५८४] (उ० प्रति खंडित) चौ० प्रति का पाठ 'बुरौ बुराई जौ तिजैं' - 'तजै' का 'तिजैं' تجاي में इकार का ज़ेर लगा होने के सबब हो, ऐसा भी नहीं! यह लेखन प्रमाद भी नहीं जान पड़ता - लिपिक बहु प्रयुक्त, सार्थक शब्द "तजै" को निरर्थक पद "तिजैं" में भला क्यों बदलेगा! 'इजाफा' [००२] का 'अजाफा' दो अति प्राचीन प्रतियों को०शि० में कैसे? (ज़ा० प्रति में 'इजाफा' यों اجاپاو है।) क्योंकि को०शि० प्रतियों के आदर्श का लेखक 'इजाफा' اِجاپا के अलिफ़ को ज़ेर बिना, 'अ' पढ़ रहा है!

कारण स्पष्ट है, लिपिकार प्रतिलिपि नहीं कर रहा, बल्कि फ़ारसी लिपि से नागराक्षरों में लिप्यंतरण करते हुए अटकल लगा रहा है! ऊपर की पाठविकृतियों में बहुतेरी तो मात्र अटकल हैं, फ़ारसी से नागरी में उल्था करते समय की! तभी तो "कुं" जैसे राजस्थानीकरण का अवकाश था! नागरी "को" को नागरी में प्रतिलिपि करते समय ऐसा करने का कोई कारण जो नहीं! 'अजै - उ०; अज्युं - को०; अजुं - चौ०; अजूं - सु०; अज्यौं - नी०; अज्यों - क०गा०; अजौंन - न०; अजों - वे०; अजौं - ह०।' [०२०] ज़ा० प्रति में यह है, اجون न० प्रति में अक्षरशः विद्यमान! वस्तुतः इसमें 'इए' छूट गया है, اجیون.

ब्रजभाषा हो या अवधी, केवल फ़ारसी लिपि मात्र में उसे शुद्ध रूप से लिखा ही नहीं जा सकता। 'ग्' 'ट्' 'ड्' 'ढ्' वर्णों के लिए उसमें ध्वनि चिह्न हैं ही नहीं! मात्राओं में 'इ' 'उ' छोड़ और कोई नहीं! हाँ, नस्तालीक़ सुलेखन के याए मारूफ़ आदि मात्रा चिह्नों की सहायता से लिखें तो नागरी मात्राओं को प्रगट किया जा सकता है, तो भी उसे शुद्ध पढ़ना अभ्यास ही से संभव है। इससे प्रगट होता है कि लिखा चाहे किसी ने, उसने नफ़ीस तौर पर अलग-अलग मात्राओं को प्रगट करने वाले फ़ारसी नस्तालीक़ सुलेखन के मात्रिक चिह्न, ज़ेर (इ), याए मारूफ़ (ई), पेश (उ), मद ज़बर (आ) आदि लगाते हुए नहीं लिखा। **सतसई** का मूल पाठ किसी सामान्य कोटि के लिपिक या नौसिखिए ने टीपा था। **सतसई** के दोहों का पाठ मूलतः फ़ारसी लिपि में होने की संभावना मात्र से गुत्थी खुलने के बजाय कहीं ज़्यादा उलझ जाती है! उर्दू वर्णमाला अरबी और फ़ारसी अक्षरों से विकसित होने के कारण इनके अक्षरों को देखते ही हम इन तीनों को इकट्ठा उर्दू के वर्ण मान बैठते हैं! पर उर्दू और खड़ी बोली हिंदी तो अभी कल की जन्मी बछड़ियाँ हैं! आधुनिक उर्दू वर्णमाला के अधिकतर अक्षर यद्यपि फ़ारसी वर्णमाला के हैं, नागरी ध्वनियों को व्यक्त करनेवाले उसके ٹ तथा ڈ और گ वर्ण **सतसई** की रचना के सैकड़ों वर्ष बाद गढ़े गए; **सतसई** के दोहे अब से तीन सौ वर्ष पहले प्रचलित फ़ारसी की (अपूर्ण) वर्णमाला में लिपिबद्ध किए गए! अरबी-फ़ारसी वर्णमालाओं में ھ - گ - ڈ - ٹ (क्रमशः दोचश्मीहे - गाफ़ - डाल - टे) आदि अक्षरों का व्यवहार न होने से हमारे उच्चारणों को प्रगट करने के लिए, सन् १८०० के आगे-पीछे, कलकत्ता के फ़ोर्ट विलियम कॉलेज

में, ये उर्दू के लिए गढ़े गए; तभी खड़ी बोली हिंदी के लिए 'ड़' तथा 'ढ़' भी! लगभग इसी के आसपास बंगला में भी नीचे बिंदी देकर 'ड़' और 'ढ़' का चलन हुआ। *ध्यान रहे कि संपूर्ण भारतवर्ष में अपनी एक भी लिपि ऐसी नहीं है, जिसमें किसी वर्ण के नीचे विंदु लगा हो*, अतः अनुमान है कि बिंदी बहुल अरबी-फ़ारसी लिपि से इसकी प्रेरणा मिली होगी – वह भी फ़ोर्ट विलियम कॉलेज के साहब (शिक्षा) बहादुरों को!

इसके ऊपर यह भी ध्यान रहे कि उस समय फ़ारसी की वर्तनी अब के इमले से पृथक् थी। **सतसई** समेत पुरानी ब्रजभाषा की फ़ारसी में लिखी गई प्रतियाँ अब से दो-तीन सौ वर्ष पहले की शैली में लिपिबद्ध की गई हैं। आज 'उ' का द्योतन करने के लिए अलिफ़ की खड़ी पाई के ऊपर و का चिह्न लगाते हैं, अब जिसे पेश कहा जाता है, اُ। मेरा अनुमान है कि पेश का विकास इसी و से, आधुनिक समय में हुआ है। पुराने लेखों में यह و अलिफ़ के बाद او के रूप में आता है। इससे नागरी की केवल 'उ' मात्रा ही नहीं, 'ओ' जैसी दूसरी मात्राएँ भी, फ़ारसी में होने पर, भ्रष्ट हो जाएँगी!

एक और भारी बाधा पैदा होती है, फ़ारसी लिपि में महाप्राणत्व को ध्वनित करनेवाले वर्ण की न्यूनता से। हमारी भाषा के सौ में पचास शब्द तो इतने ही से निष्प्राण हो जाते है! फ़ारसी तथा उर्दू में अब जिस दोचश्मी हे ھ से जोड़कर हमारी महाप्राण ध्वनियों का द्योतन किया जाता है, भाषा में इसका भी चलन एकदम नया है! **सतसई** के समय की फ़ारसी लेखन शैली में विद्यमान 'हे' ہ से जोड़-तोड़कर नागराक्षरों का लिप्यंतरण करना होता था – अर्थात् بھو بادھا नहीं,

بہوبادہا! راآدھا ناگر नहीं, راآدہا ناکر! फ़ारसी में 'ग' का द्योतन करने वाला گ 'गाफ़' न होने से 'नागर' का 'नाकर' – वैसे ही जैसे हमारा 'गंधार' उनके यहाँ 'कंधार' हो गया!

यद्यपि मूल पाठ फ़ारसी में लिखित होने का प्रमाण प्रायः हर दोहे में मिलेगा, **सतसई** के पहले दोहे के पाठांतरों पर ध्यान दें –

भौवाधा – भववाधा - उ०को०शि०वा०मो०मि०भा०मु०न०गा०स०वे०; भववध - नी०। हरौ – हरो - को०वा०मो०स०। राधानागरि – 'र' में इकार बाद में - उ०; राधानगरि - नी०; राधानागर - शि०भा०मु०न०स०। सोइ – सोय - शि०मो०हृ०। जा – या - को०। झांई - को०वि०न०गा०स०वे०मि०हृ०। झाँई - उ०मो०; झाई - नी०भा०पा०; झांइ - शि०मु०वा०। परै - उ०मि०मु०न०गा०वे०स०; परें - मो०वा०पा०; परैं - को०हृ०। स्याम – श्यांमु - उ०; श्याम - शि०वा०भा०वा०; स्यांम - मि०मु०गा०वे०स०हृ०। हरित – हरति - शि०मु०मि०गा०। होइ – होय - शि०को०मो०हृ०। [००१]

निषिद्ध अशुभ तगण, 'मेरी भवबाधा', दोहे के आदि में! दोहा भी मंगलाचरण का!

पारसीक वर्णों में लिखित ज़ा० प्रति में यह दोहा इस रूप में मिलता है –

میری بہوبادہا ہرو رادہاناکر سوی · جا تن کي جہاین پرین سیام ہرت دوت ہوی·

ब्रिटिश लाइब्रेरी, लंडन, में संगृहीत **सतसई** की फ़ारसी प्रति [1] में इस दोहे समेत प्रति के अगले चार दोहों के नीचे नागरी वाचन भी है। ऊपर उद्धृत ज़ा० के पाठ की वर्तनी से यहाँ केवल इसी एक शब्द,

[1] British Libraray IO B 27.

'भौवाधा', की वर्तनी में भेद है – यहाँ 'वाव' के ऊपर उकार का द्योतक पेश लगा हुआ है, بھُو بادہا! इस रूप में इसे 'भौबाधा' छोड़ 'भवबाधा' न पढ़ा जाएगा।

अकेले بھو को 'भौ' तथा 'भव' दोनों ही पढ़ा जाता है! अब ही नहीं, पहले भी। मानस की फ़ारसी प्रति में 'भव' तथा 'भौ' के अभिन्न रूप पर ध्यान दें –

نومي بھوم بار مدہوماسا (नौमी *भौ*मवार मधुमासा – मा० १-३३-५); تلسي جس بھوتبتا تسوي ملہ سہاي (तुलसी जस *भव*तव्यता तैसोई मिलहि सहाइ – मा० १-१५९ ख) بھوبارده مندرسب بده سندرکن مندر سوکہ پنجا (*भव*वारिधि मंदर सव विधि सुंदर गुनमंदिर सुषपुंजा – मा० १-१८५ छं ४)[2]

'नागिरि', 'नागिरी' तो अशुद्ध हैं, विकृति यदि सार्थक हो तब तो निर्णय करना कठिन हो जाता है। यह देखें –

रतिराजु - उ०नी०; रतिराज - को०चौ०क०सु०न०गा०वे०; रितुराज - ह०। [०५८] رتراج - ज़ा०! इसे मनचाहा 'रति' या 'रितु' पढ़ सकते हैं! इसी प्रकार 'सोइ' 'होइ' سوئي - ہوئي में अंतिम वर्ण बड़ी ये पर हमज़ा का चिह्न होने से अब इसे 'य' नहीं, 'इ' पढ़ेंगे।

बड़ा आश्चर्य होता है, इतने प्रत्यक्ष की ओर भी अब तक किसी ने ध्यान न दिया! औरों को छोड़ें, **सतसई** के प्रख्यात संपादक 'रत्नाकर' जी तो फ़ारसी के पारंगत विद्वान् थे, उन्हें संदेह तक कैसे न हुआ, समझ में नहीं आता! उनके बाद भी हिंदी के किसी विद्वान् ने इस पर ध्यान न दिया तो कोई आश्चर्य की बात नहीं।

---

2 British Library B 67.

सतसई एक ग्रंथ के रूप में कभी अस्तित्ववान् न थी! सामान्यतः किसी भी हस्तलिखित ग्रंथ का ऊर्ध्वमूल वंशवृक्ष ऊपर से नीचे की ओर विकसित होता है; **सतसई** की केवल दोहा वाली पोथियों की प्रतिपरंपरा मूलविहीन (अमरबेल की भाँति!) केवल शाखाओं के समान फैली!

मैंने देखा, **सतसई** का प्रामाणिक पाठ स्थिर करना दोहों की क्रम भिन्नता के माध्यम ही से संभव है। यह क्रम भिन्नता कब और कहाँ से शुरू हुई? केवल दोहा पाठ वाली प्रतियों को छाँट कर अलग कर दें तो क्रम भिन्नता का भी क्रम विभिन्न टीकाओं में प्रगट होता है। इन्हें काल क्रम से रखें तो मानसिंह की टीका सब से प्राचीन है। दूसरा कोविद कवि का क्रम है। तीसरा मत्तगयंद शीर्षक टीका का क्रम है, जिसकी सबसे पुरानी प्रति सं० १७९४ की है। शुभकरण, कृष्ण कवि तथा मनीराम की टीकाएँ भी इसी कोटि की है।

पाठवैज्ञानिक दृष्टि से मान० कृष्ण० आदि **सतसई** की वंशज टीकाओं की अपनी प्रतिलिपि परंपरा के सहारे **सतसई** के पाठ का पुनर्निर्माण किया गया है। केवल दोहा पाठ की प्रतियों की उपेक्षा कर, टीकाओं में उपलब्ध दोहा पाठ के आधार पर **सतसई** का पाठ पुनर्निर्माण करने के पक्ष में तर्क यह है कि मान० के दोहा पाठ में कोई पाठविकृति यदि है तो वही पाठविकृति कृष्ण० के उसी दोहा पाठ में नहीं हो सकती। इसी प्रकार अन्य युग्म। इस रीति से **सतसई** का पाठ संपादन दो स्तरों पर, नीचे की टीका के संपादन के पश्चात् ऊपर **सतसई** मूल के पाठ निर्धारण से हुआ। एक टीका का संपूर्ण पाठ निश्चित करने की अपेक्षा **सतसई** के एक-एक दोहे का पाठ ऊपर निर्दिष्ट रीति से निर्धारित करने से वह प्रामाणिक हो सका।

इस संपादन में विकट गुत्थी है, वर्तनी! वह भी एकाधिक स्तरों की। एक ओर फ़ारसी और उसका पुराना इमला, तो दूसरी ओर नागरी के साथ घुली-मिली राजस्थानी। ब्रजभाषा की पुरानी वर्तनी की गहराई से छानबीन पहली बार की गई है, यद्यपि इसकी चलती चर्चा मैंने श्रीपति मिश्र तथा देव की ग्रंथावलियों की भूमिका में की है। अब तक हिंदी-उर्दू में किसी अन्य व्यक्ति ने ऐसा ही प्रयास किया हो तो मुझे इसकी सूचना नहीं। लगता तो यही है कि दोनों ही जगहों पर गहरा सोता पड़ा है! यह मेरा अधीत विषय, न जापान में मेरे पास पर्याप्त मात्रा में लेख, इस पड़ताल का कच्चापन प्रगट ही है। हो सकता है किसी योग्य विद्वान् की इस पर निगाह पड़े, और उसके हृदय में इस महत्वपूर्ण समस्या को पूरी तरह से मथ डालने का उत्साह जगे।

'रत्नाकर' जी ने कितनी सूक्ष्मता से **सतसई** का पाठ और अर्थ ही नहीं, एक-एक शब्द की वर्तनी भी गहराई से विचारकर स्थिर की है, यह देखकर मस्तक उनके प्रति आदरपूर्वक नत हो जाता है। अनेक दोषों से यह संपादन मुक्त नहीं, फिर भी संपादक को इसके लिए उलाहना न देना चाहिए। उत्तरदायी तो बीच के ७५ वर्षों की वे पीढ़ियाँ हैं, जिन्होंने सारस्वत धर्म का निर्वाह करते हुए ज्ञान के नए प्रकाश में इस रचना का पुनर्परीक्षण न किया। अगले उदाहरण छिद्रान्वेषण नहीं, मूल कृति पर नई दृष्टि के परिचायक हैं।

* **जम करि मुह तर हरि पर्‌यौ। इहि धरि हरि चितु लाउ। विषयत्रषा परिहरि अज्यौं। नरहरि के गुन गाउ** [०२१]

جم کر مُنہ ترہرپریو یہ دہرہرچت لاو ۰ بکہی ترکہا پرہر اجون نرہرکے
کون کاو [رظا۰ ۰۱۳]

'रत्नाकर' जी की व्याख्या का एक अंश अपर्याप्त ही नहीं, अशुद्ध भी है। 'जम-करि-मुँह-तर' अर्थात् 'तरहरि = नीचे। (तू) यम-रूपी हाथी के मुँह के नीचे' - प्रायः इन्हीं शब्दों में अन्य प्राचीन टीकाकारों ने भी इसे व्याख्यायित किया है। 'तर' अथवा 'तल' का अर्थ नीचे मानने में कोई आपत्ति नहीं। लेकिन इसमें जुड़ा हुआ 'हरि' या 'हर' [3] और क्या नवीन अर्थ इसमें जोड़ता है, मेरी बुद्धि से परे है। दोहा-जैसे लघु आकार के छंद में एक निरर्थक पद हो तो उसे कवि के फ़हड़पन का द्योतक माना जाएगा।

लगता है, 'रत्नाकर' जी ने प्राचीन टीकाकारों का बहुमत स्वीकार करते हुए इस प्रयोग के साथ उचित न्याय न किया। चाहे हाथी हो या कि यम ही, क्या वह दंडनीय को हड़प कर जाता है!

मुझे तो यह दूरान्वय से प्रेरित प्रयोग लगता है। यम के साथ प्रसिद्ध 'द्वार', 'दाढ़' या 'मुँह' है। जम या कालमुख, व्याघ्र मुख अन्यत्र देव आदि में भी मिलता है। [4] इसी अर्थ में हरि। यहाँ वल यम पर न होने से उससे तुल्य 'करि' (करिन् - हाथी) तथा 'हरि' (सिंह) से संदर्भित रूपक है। 'हरि मुह पर्‍यो' किंवा 'करि (पद) तर पर्‍यो' अधिक संगत है।

'रत्नाकर' जी ने आगे 'धरहरि' को समस्त पद मानते हुए इसका अर्थ किया है, 'निश्चय'! उनकी पूरी अर्थ विवृति ध्यान देते हुए पढ़ें, "(तू) यम-रूपी हाथी के मुँह के नीचे पड़ा हुआ है, इस *निश्चय पर* चित्त लगा," इस व्याख्या को एकाधिक बार पढ़ने पर भी इतने छोटे से

[3] तरहर - क्रि० वि० [हि० तर + हर (प्रत्य०)] तले । नीचे। - **हिं०** पृ० २०२८

[4] देव मुनि सूरजन सूरज न सोम रहै जीवजाल तीनिकाल कालमुष होमै है [चित्त० १-९]

वाक्य में एक यही शब्द 'निश्चय' असंगत क्या, बेतुका दिखलाई देता है - हाथी के मुँह के नीचे पड़ा है, इस निश्चय पर! यहाँ अनुप्रास युक्त पद 'अ-ऐ' है, 'रहरि'। नरहरि में अनुप्रास श्लेष है, भंगपद। 'अरि' का अनुप्रास संपूर्ण दोहे में गुंजायमान है, फिर भी वर्तनी भेदों में 'अरि' - 'अर' का भेद क्यों, ऊपर उद्धृत दोहे का फ़ारसी रूप, ज़ा० प्रति का, ध्यानपूर्वक पढ़ें तो इसकी विवृति हो जाएगी।

'धरि' - 'धर' की विडंबना में पड़े हुए अन्य लेखकों के समान 'रत्नाकर' जी ने पोथी प्रमाण से पाठ 'धर' रखा, तो कोई बात नहीं, यह उनकी लाचारी रही होगी मगर इसके आगे 'हरि चित लाउ' तो इतना स्पष्ट है, कि निद्रावस्था में भी कोई व्यक्ति यहाँ से 'हरि' को उठाकर 'धर' से जोड़ेगा, यह सोचा ही नहीं जा सकता!

बलिहारी तो है इस शब्द की व्याख्या! "धरहरि - संज्ञा स्त्री० [सं० धैर्य?] दृढ़ विश्वास। निश्चय।" [5] आगे पदभंग ही नहीं, वर्तनी में नासिक्य चिह्न तक एक समान होने से अर्थ का उद्गम भी **बि०र०** से मानना अनुचित न होगा। इस जैसा बेसिर-पैर का शब्दप्रयोग किसी दूसरे कवि में न मिलना तनिक भी आश्चर्यजनक नहीं! क्यों न हो, जैसे चीकट पर चीकट की परत चढ़ती है, कुछ ऐसी ही दशा **हिंदी शब्द सागर** की है!

'परिहरि' क्रिया अधीनस्थ 'विषयत्रषा' संज्ञा को, सार्थकता प्रदान करने के लिए, टूटने न देगी - 'त्रषा' वर्तनी का रूढ़ रूप है।

लावु - गावु - उ० प्रति ही में हैं, क्योंकि फ़ारसी मूल से नागरी प्रति तैयार करने वाला अनाड़ी लिपिक گاو वाव का लिप्यंतरण पेश

[5] **हिं०** पृ० २४३४।

सहित 'उ' नहीं, उससे रहित 'वु' के रूप में कर रहा है!

पाठांतरों पर ध्यान दें तो प्रगट होगा कि प्रायः सभी पाठभेद फ़ारसी लिपिजन्य हैं।

* **पावक सौ नैननु लगै ।** जावक लाग्यौ भाल । मुकर होहुगे **नैक मैं । मुकर विलोकौ लाल** [०७१]

एक तो 'रत्नाकर' जी ने, 'होहु' क्रियापद पर ध्यान न जाने से, दर्पण के अर्थ में 'मुकर' को ग्रहण किया अतः उन्होंने दोनों ही स्थलों पर 'मुकुरु' रखा है – 'मुकुरु होहुगे नैंक में मुकुरु विलोकौ लाल।'

'मुकर', दर्पण के अर्थ में कवि लाया है, यह उसकी स्वच्छंदता है! भला रोक कौन सकता है! रीति कवियों ने ऐसे प्रयोग ख़ूब किए हैं – श्रीपति प्रयोग, 'कट' कटि के अर्थ में, तत्काल ध्यान में आता है। हम पोथी पढ़े 'पंडितों' की बुद्धि को घास चरा दें, देव, घनानंद आदि कवियों ने ऐसे-ऐसे मनमाने प्रयोग किए हैं! अस्तु,

'मुकुरु होहुगे' का अर्थ 'रत्नाकर' जी ने भी लगभग पुराने टीकाकारों के समान ही किया है, 'मुकुरु = मुकरने वाले' 'नैक में (थोड़ी देर में, जब वह मिट जाएगा तो) मुकर जाओगे' – अर्थात् 'मुकुर होहुगे' = 'मुकर जाओगे'! ऊपर उद्धृत दूसरे टीकाकारों की व्याख्याओं से प्रगट है कि 'रत्नाकर' जी ने, 'मुकर' का अर्थ करने में औरों का बिना विचारे अनुमोदन किया! अन्यथा इतने प्रगट अर्थ पर उन जैसे विद्वान् का ध्यान न जाए, इस पर सहसा विश्वास नहीं होता।

कवि को यह सीधी-सी बात, 'मुकर जाओगे' कहना था तो वह इसे सीधे 'मुकर जाहुगे' कह सकता था! रज़ा प्रति में यही पाठ है

तो – مکر جاہوکی نیک مین मुहावरा भी तो 'मुकर जाना' ही है, 'मुकर होना' तो नहीं, न! नहीं, कवि 'होहुगे' ही कह रहा है, कुछ और नहीं।

'होहुगे' क्रियापद बिलकुल उलटी दिशा की ओर हमें ले जाता है! पूछिए क्रिया से, क्या होगे? तो क्रिया उत्तर देती है, مقر होहुगे। 'मकिर' शब्द कितने व्यापक अर्थ की व्यंजना करता है, यह देखें –

maqar (v.n.) Being bitter; being sour (milk); *muqirr* one who establishes, confirms, settles; one who asserts, affirms or avers; one who makes confession; one who acknowledges the right of another against himself; *mukirr shudan* To confess, acknowledge.[6]

A مقر *mukirra* vulg. *mukira* (act. part. of اقرّ 'to settle, establish; -to acknowledge, confess,' &c.), part. adj. & s.m. settling; establishing; confirming; -asserting; afferming; acknowledging; professing; -one who fixes or establishes, &c; asseerter; affirmer; -one who confesses or acknowledges, &c.; *-muquir-e-jurm hona,* To plead guilty of a crime :- *muquir hona, (-ka)* To acknowledge, confess, admit, avow (syn. *iqrar karana)* [7]

'मुकर' रूपांतर है, 'मुकिर' का, यमकाश्रित प्रयोग के लिए – 'मुकर होहुगे – मुकर विलोकौ'! मुकिर होगे! अर्थात् मुकरने का बिलकुल उलटा, अपना अपराध स्वीकार करोगे! 'जी खट्टा होने' से लेकर 'इक़बालिया होने' तक का भाव! 'दर्पण में अपना मुँह तो देख लो, देखते ही अपना अपराध स्वीकार करने को विवश होगे!' दे० **मोहज़्ज़बुल लुग़ात** (१२ - ४१.८) 'इसरार करने वाला, तसलीम करने

6 **Steingass** p. 1292.
7 **Platts.** p. 1055

वाला।[8]

* **मिलि विहरत विछुरत मरत। दंपति अति रसलीन। नूतन विधि हेमंत सव। जगत जु राफा कीन** [४९७]

बड़ा ही रोचक स्थल है, 'जगत जु राफा कीन'। 'रत्नाकर' जी ने 'जगतु जुराफा कीन' पाठ दिया है और अर्थ किया है, इस हेमंत रूपी नए ब्रह्मा ने सब जगत को जुराफा बना रखा है। 'जुराफा' अर्थात् अफ्रीकी पशु जिराफ़, जो "वियोग होने पर मर जाता है।"

मैं बारंबार देखता हूँ, हमारे यहाँ क्रिया पद की मुट्ठी में होता है पूरा वाक्य! इस दोहे को पढ़ते हुए प्रत्येक बार मेरा ध्यान 'कियो' पर अटक रहता है! जिराफ़ कवि ने देखा न उसके पाठकों ने, इससे यह, चकई-चकवा से समान कवि प्रसिद्धि नहीं हो सकती। 'जुराफा करना' में 'करना' क्रिया उड़कर 'बनाना' कैसे हो गई! नहीं, क्रिया 'कियो' भिन्नार्थी संज्ञा की ओर इंगित कर रही है! 'हेमंत जु राफा कीन' अब अर्थ उद्घाटित हो उठता है - راف[9] राफ़ = दयार्द्र, कृपालु आदि।

हेमंत ऋतु की प्रेमी युगल पर कृपा किस रूप में होती है? 'जाड़ा जाए रूई, औ जाड़ा जाए दूई' के रूप में! यह देखें -

पयोधरैः कुंकुमरागपिञ्जरैः
सुखोपसेव्यैर्नवयौवनोष्मभिः।
विलासिनीभिः परिपीडितारसः स्वपन्ति शीतं परिभूय कामिनः॥[10]

[8] اقرار کرني والا - تسليم کرني والا

[9] Pitying, being kind and compassionate; bounty. **Steingass** p. 563.

[10] इस ऋतु में प्रेमी जन केशर राग से लिप्त कुचोंवाली, सुखपूर्वक लूटी जा सकने वाली यौवनोष्मा से परिपूर्ण कामिनी को कसकर अपने वक्ष से लगाए, ठंड को दूर भगाकर सोते हैं। **ऋतुसंहारम् ५-९।**

* **वहकि न इह वहना पली। जव तव वीर विनास। वचै न वडी सवीलहू। चील्ह घोस वा मास** [६५४]

दोहे में कथ्य है, 'चील के घोंसले में मांस रखने पर वह बचा न रहेगा, इस लिए बहक न!' इसके आगे, 'वहिना' या 'वहना' – राजस्थान में 'बहिन' की अपेक्षा 'बहन' ही अधिक सुनने में आता है; कोश में भी यही देखते हैं। यहाँ यह संबंध सूचक न होकर सखी-सहेली को संबोधन हो सकता है। 'रत्नाकर' जी ने अर्थ किया है, 'इस बहनापे में बहक मत'। इसमें 'बहिन' तक तो चल जाएगा मगर 'पली' हो या 'पुली', इन आद्याक्षरों सहित ('पुलीस' को छोड़!) भला कितने शब्द हैं हिंदी भाषा में! फिर, 'बहिनापा' का 'पा' क्या टोना टोटका कर देने से 'पुली' हो सकता है! क्या किसी और पद में भी अंत्य 'पुली' मिलता है? नहीं तो फिर मनगढ़ंत शब्द और ऊपर से उसका ऊलजलूल अर्थ भाषा के मत्थे मढ़ देना, यह भला कहाँ का न्याय है!

प्रायः सभी हस्तलेखों में 'पुली' होने से चलिए, हम भी आँख मूँदकर 'पुली' ले लेते हैं। मगर अर्थ? आगे रास्ता बंद!

फ़ारसी लिपि में ज़ा० प्रति का वाचन है,

بہک نہ انہہ بہنا پلي جب تب بير بناس खूब ध्यान देकर देखें, پلي ! यह तो 'पली' है, 'पुली' कदापि नहीं! 'पुली' अभीष्ट होता तो پولي इस प्रकार लिखा जाता! अतः मैं इसे 'पली' छोड़ और कुछ न स्वीकार करूँगा।

अर्थ के विचार से यह 'वहिना' का 'विशेषण होना चाहिए, 'वहिना मेरी', 'वहिना प्यारी'। प्रसंग में रखकर देखें, 'वहकि न, इह वहिना

... विनासु' – अब यह 'वहिना प्यारी' न होगी! यह तो 'वहिना पली' है! कोश उठाकर देखें, 'पली' के आगे शब्द कितने हैं! [11] 'पलीत', 'पलीता', 'पलीती', 'पलीद'। और कोई पाँचवाँ? तो इन्हीं चार में से कोई एक होगा, 'वहिना पली' में! देखें, 'पलीद' क्या है, फ़ा० में –

پليد impure, defiled, polluted, contanimated, unwashed, foul پليد چشم Malingnant eye. پليد زبان Foul-tongued, scurrius. پليد ناک Dirty, nasty, filthy. پليدي Uncleanness, foulness, excrament, dung, ordure. [12]

ज़ा० का पाठ 'पली' 'पलीद' का संक्षिप्त रूप है, समानार्थी। (ऊपर देखें।)

अंतिम यति, 'चील्ह गोस वा मास', 'रत्नाकर' जी ने 'चील्ह-घौं सुवा' पाठ लिया है, (संभवतः मुद्रण की भूल है।) पर अर्थ इसका किया है, 'घोंसला'। पुनः, 'घोसवा' से 'घोसला' न होगा; 'घोस वा' करने पर 'वा' मुक्त होकर अब यह पद पखेरू दूर-दूर तक उड़ान भर सकता है! 'वडी सवीलहू वा मास वचै न'; 'घोस' भी श्लेष में घोंसला ही नहीं, 'इह पली घोस वहिना', (ग्वालिन) आदि।

'ला - मो०वे०गा०; आ - भा०; आं - ह०' जैसी 'वा' की विकृतियाँ सकारण हैं। ज़ा० प्रति में पाठ کهوس وا ماس के बजाय کهوا ماس (घोआ मास) है; सीन वाव लुप्त। लगता है, मूल पाठ पर 'घोस' का 'घोसु' کهوس او संशोधन किए जाने से अलिफ़ वाव ये दो वर्ण छूट गए।

---

[11] हिं० पृ० २८९३।

[12] **Steingass** p. 255.

पहले तो [६४६] और [५७०] दोहों के पाठों पर विचार करें –

नावकसर से लाइकै। तिलक तरुनि इत ताकि [५७०]

ناوک A small aroow; an arrow flying swift and directly to the mark; an arrow for shooting birds, made of a reed, with a notch on the side; a tube through which an arrow is projected; a cross-bow; a reed or anything similar, naturally or artificially hollow. [13]

'रत्नाकर' जी के अनुसार 'तिलकु = तिलक मात्र, क्षण मात्र।' [14] है। पर यह अर्थ अशुद्ध है। 'तिलक' तो स्त्रियों के माथे का टीका होता है, वह भी विशेष रूपाकार का – दे० **सुमन०** पृ० २५२।

ताकि; तांकि; ताक; ताक - تاک

'रत्नाकर' जी ने 'ताकि' के स्थान पर 'ताँकि' पाठ रखा है, और 'ताँकि' शब्द के विशिष्ट अर्थ की लंबी व्याख्या भी की है। 'ताँकि' का अर्थ 'तर्क' कैसे हुआ, यह तो स्वर्गीय 'रत्नाकर' जी जानें या कि उनके अंतर्यामी भगवान्! ध्यान से देर तक देखते रहने के अर्थ में 'ताकि' पाठ स्थिर होता है। इससे हम अन्य तीन अंत्य पदों का निरनुनासिक होना भी निश्चित करते हैं।

[६४६] पूर्वार्ध : **सटपटात सी ससिमुषी। मुष घूंघट पट ढाकि** [६४६]

'रत्नाकर' जी ने 'सटपटाति सैं' पाठ स्वीकार किया है – उन्होंने भारी द्राविड प्राणायाम कराने के बाद अर्थ किया है 'जैसी' का लघु रूप 'सी' – 'सटपटाती सी'!

'सै' अथवा इसके रूप भेद कैसे? इस पाठविकृति पर दृष्टि पड़ते ही मेरा ध्यान फ़ा० लिपिजन्य विकार की ओर गया था। रज़ा लाइब्रेरी की

[13] **Steingass** p. 1332.

[14] **बि०र०** पृ० २३७।

फ़ा० प्रति में पाठ है, ستپتات سے سسموکھ (ते पर चार बिंदियाँ) अर्थात् छोटी ये के स्थान पर बड़ी ये, 'सटपटात से ससिमुषे'।

अतः 'सै' को फ़ारसी लिपिजन्य विकृति मानते हुए पूरे चरण का पाठ होगा - सटपटात सी ससिमुषी। मुष घूंघट पट ढाकि।

उत्तरार्ध : **पावकझर सी झमकिकै। गई झरोषां झाकि** [५७०]

दोनों दोहों की अंतिम यति में एक ही शब्द विवादास्पद है, 'झरोषा' कि 'औझका'? दोनों स्थलों पर मिलाकर देखें तो स्पष्ट होगा कि 'झरोषा' और 'औझका' प्रायः आधी-आधी पोथियों में मिलता है एक ज़ा० में 'झरोषा' दोनों स्थलों पर। यह भी ध्यान रखना चाहिए कि पाँच स्वतंत्र टीकाओं की बहुसंख्यक पोथियों में एक जैसी विकृतियाँ बिखरी हैं, तो उनका उद्गम मूल प्रति को छोड़ अन्यत्र कहीं न होगा।

यह कैसे? 'झरो औझका' - पा० [६८६] पर ध्यान दें तो गुत्थी खुल जाएगी। दोहे के मूल पाठ में جھروکھا ('झरोषा') लिखते हुए अनाड़ी लिपिक से बीच का रे वाव छूट जाने से جھکھا (झषा) हो गया - पार्श्व पर त्रुटित वाव है, लेकिन अगले लिपिकों द्वारा अपने उचित स्थान पर नहीं, बल्कि 'झ' के पहले लगाया गया है - وجھکھا - इसे 'वझषा' 'ओझषा' छोड़ और कुछ नहीं पढ़ा जा सकता। राजस्थानी लिपिक इसे तभी तो 'औझकां' - 'उंझकां' - 'ओझका' लिखकर राजस्थानी भाषा में सार्थक रूप दे रहे हैं। अर्थ के विचार से भी ये पाठ प्रसंग असंगत हैं।

दोनों ही स्थलों पर 'झरोषा' पाठ लिया जा रहा है। दूसरा चरण समान होने पर भी दोनों दो स्वतंत्र दोहे हैं।

बड़ी लज्जा होती है एक दिवंगत लब्ध प्रतिष्ठ कवि तथा सम्मान्य

विद्वान् के लिए यह कहते हुए कि ऊपर उद्धृत उनकी व्याख्याएँ निरर्थक वाग्जाल के सिवा और कुछ नहीं!

८ वर्ष, सप्ताह के सातों दिन, श्रम कर **सतसई** का संपादन पूरा हो पाया – प्रायः एक हज़ार पृष्ठ, तीन खंडों में प्रकाशित। कच्ची गोलियाँ मैंने नहीं खेलीं - मेरे द्वारा संपादित पाठों की प्रकाशित प्रतियाँ ब्रिटिश लाइब्रेरी, लंडन; अमेरिकन कांग्रेस लाइब्रेरी, वाशिंगटन आदि में पहुँच गई हैं। आज जैसे गिल्क्रिस्ट की हिंदी-उर्दू पुस्तक की एकमात्र प्रति कनाडा के पुस्तकालय से इंटरनेट पर आ गई है और जैसे पंडित गंगानाथ झा की सन् १९०७ में प्रकाशित पतंजलि के **योगसूत्र** की अँग्रेज़ी टीका की अकेली प्रति हारवर्ड युनिवर्सिटी लाइब्रेरी से निकल आई है वैसे ही ५० क्या १०० वर्ष बाद भी मेरे किए हुए संपादन यहाँ-वहाँ मिल जाएँगे। प्रकाशक बताते हैं, इनकी बहुत सी प्रतियाँ विदेशी विश्वविद्यालयों ने मँगाई हैं। मेरे संपादन का संस्कार परिष्कार करने वाले को वहाँ मिल जाएगी।

सुनते हैं, इंग्लैंड में एक अँग्रेज़ विद्वान् ने **सतसई** का अनुवाद किया है; जर्मनी के एक काव्य प्रेमी ने अपनी मातृभाषा में – इधर हमारे यहाँ बिहारी **सतसई** के प्रामाणिक पाठ के स्थान पर एक पुराना खंडहर भर था – वह भी जो पचास वर्ष पहले मैंने आमेर में देखा था! बिहारी क्या, कबीर, तुलसी, सूर, मतिराम किसी की रचना मान्य रूप में उपलब्ध नहीं है! संसार में दूसरे अधिसंख्य मनुष्यों द्वारा व्यवहृत भाषा हिंदी का न कोई कोश है, न विश्वकोश – **हिंदी शब्दसागर** के दो-चार पृष्ठ पढ़ें तो उनमें त्रुटियों की भरमार देख लज्जा के मारे सिर झुक जाएगा! ये आज नहीं हैं, और अब से अगले पचास वर्ष भी न होंगे!

यह बड़ी भयोत्पादक स्थिति है और यदि इसमें सुधार न किया गया तो अज्ञान तथा अंधकार की वाहक होकर हिंदी भाषा अपने प्रयोक्ताओं को सांस्कृतिक ही नहीं, सामाजिक तथा आर्थिक अवनति के गहरे गर्त में गिराए बिना न रहेगी।

संक्षेप : **मोहज़्ज़बुल लुग़ात** : सैयद एजाज़ हसन लखनवी, लखनऊ।

हिं० : हिंदी शब्दसागर : (सं०) श्यामसुंदरदास, नागरीप्रचारिणी सभा, वाराणसी।

बि०र० : बिहारी-रत्नाकर; जगन्नाथदास 'रत्नाकर', नागरीप्रचारिणी सभा, वाराणसी। तृतीय संस्करण १९६०।

Platts : A Dictionary Of Urdu, Classical Hindi And English. John T. Platts, Oxford 1965

Steingass : A Comprehensiva Persian-English Dictionary, F. Steingass, Asian Educational Services, New Delhi. 1992

*

भाषा का सवाल - उदय प्रकाश के बहाने

उदय प्रकाश की कहानियों-कविताओं का मैं पुराना पाठक और प्रशंसक हूँ। वह उन इने-गिने लेखकों में हैं जिनकी मेरी पढ़ी हुई किसी भी कथाकृति की छाप मेरे मन पर लंबे समय के लिए बनी रह जाती है - उनकी सब नहीं तो बहुतेरी कहानियों के दृश्य आज दसियों बरस बीत जाने पर भी याद में वैसे ही, मानों गर्म लोहे से दागे गए से, बने हैं। इसका एक कारण मैं अभी प्रगट कर दूँ। वे दृश्य मेरे देखे-जाने भयावह यथार्थ के हू-ब-हू दूसरे चेहरे हैं! मसलन दिल्ली में मंज़िल से बहुत आगे भागे जा रहे ऑटोरिक्शा पर बेहोश पड़ा हुआ व्यक्ति दानिशोविच नहीं, मेरे मित्र मलयज हैं! धूप में पड़ा, मरा हुआ तिरिछ अकुतागावा की कहानी **च्यूतोउ** में गिरगिट था, जिस पर दसवीं सदी के क्योतो में आवारा बच्चे पत्थर फेंक रहे थे! उनकी सभी कहानियों के लिए मैं यह नहीं कह सकता क्योंकि उनकी कुछ कहानियाँ ऐसी भी हैं जो पढ़ते समय तो मन-मस्तिष्क पर घटटोप सी छायी रहती हैं मगर एकाध दिन में, सूख जाने पर रेत की भाँति, स्मृति पटल पर से झर जाती है। **वारेन हेस्टिंग का साँड़** जब यह किसी पत्रिका में प्रकाशित हुई थी, मैंने पढ़ी थी। अभी हाल में मैंने इसे दोबारा पढ़ा, अपने उपरोक्त मत की जाँच-परख के लिए। **पाल गोमरा का स्कूटर** शीर्षक कहानी भी इसी प्रकार मैने इन अनेक बरसों के बीच तीन बार पढ़ी। ऊपर व्यक्त की गई अपनी राय में हेरफेर करने की ज़रूरत मैं आज भी नहीं पाता। उनकी वे कहानियाँ जो मेरी स्मृति में टिक नहीं पातीं, वे क्यों नहीं बची रहतीं, इसका भी विश्लेषण कथाकार के सरोकारों की जाँच के लिए उपयोगी होगा,

लेकिन वर्तमान चर्चा में वह अनावश्यक विषयांतर हो जाएगा।

मैं उदय प्रकाश के भीतर दो लेखकों के जीवों को सतत कुलबुलाते-कसमसाते पाता हूँ! मनश्चिकित्सा में इसे द्विधा विभाजित व्यक्तित्व कहा जाता है और यदि कोई मनुष्य इस प्रकार व्यवहार भी करने लगे तो उसका उपचार कराना होता है। यों तो जीवन में हम सब को पति, मास्टर, क्लर्क, साहब, आदि बनकर दिखलाना होता है और कमोबेश हम इसे निभा भी ले जाते हैं मगर एक लेखक के लिए यह वैसे ही पीड़ाजनक प्रजनन प्रक्रिया है जैसे कि एक ही मादा जीव को केंचुए की भाँति चिकनी मिट्टी उगलने के साथ-साथ, शार्क मछली की तरह, हज़ारों स्वादिष्ट कैवियर अंडे भी गर्भ में धारण किए रहना!

मेरी राय में उनकी सफल कहानियाँ वे हैं जो कथा में रचित संसार को यथार्थ ही नहीं, यथार्थ से भी आगे ले जाकर अतिरंजित यथार्थ में बदल देती हैं। 'अतिरंजित' मैं विशेष प्रयोजन से कह रहा हूँ। क्योंकि यह ऐसा यथार्थ है जो हमारी वर्तमान-विद्यमान सृष्टि से बाहर निकलकर अपने लिए संपूर्णतः नई चराचर सृष्टि की रचना करता है। इसी कोटि में जापानी लेखक अकुतागावा की बहुतेरी कहानियाँ आती हैं। अकुतागावा - और उदय प्रकाश की कहानियों में भी - एक प्रकार का 'जादुई' प्रभाव बराबर झिलमिलाता रहता है। **च्यूतोउ** कहानी में चाँदनी रात, घने अँधेरे में से निकलकर ३ शिकारी कुत्तों का हमला - किसी प्रकार भाग निकलने पर प्लेगग्रस्त शव को खा चुके आवारा कुत्तों के दूसरे झुंड का - अनगिनत बौखलाए हुए कुत्ते - पूर्णिमा के चकचौंध उजास में। अन्यत्र बादल हटने पर तीखी धूप में चमकता मृत सर्प से रिसता हुआ तेल, ऊपर भनभना रही हरी-हरी मक्खियाँ।

अकुतागावा की चर्चा मैंने इस लिए की, क्योंकि उनके जैसा ही प्रभाव उदय प्रकाश की कई कहानियाँ मेरे मन में छोड़ती हैं। **दरियाई घोड़ा** में मोमबत्ती की जगह बदल देने से दादा अँधेरे में चले जाते हैं और फिर उससे बाहर लौटा लाए जाते हैं। या ऊँचे ताड़ की फुनगी तक चढ़कर ताड़ी के घड़े को उतारते हुए मनियर साँप से दंशित हो नीचे गिरने वाला **टेपचू**, जो मर-मरकर हर बार जी उठता है! उदय प्रकाश की अब तक मेरी पढ़ी हुई तमाम कहानियों में सब से अधिक आतंकित करने वाली (और इसी कारण उनकी कहानियों में प्रमाणिक!) कहानी **छप्पन तोले का करधन** ध्यान में आती है।

इन सारी कहानियों को ध्यान से देखें तो पता चलेगा कि इन्हें प्रामाणिक बनाने में तीन चौथाई श्रेय लेखक की भाषा को दिया जाना चाहिए। अपने गाँव-घर और अंचल का अंदाज़ लिए हुए उसी मिट्टी की बोली पाठक को भरमाकर अपने साथ सचेत दृश्य जगत् से कहीं दूसरी जगह ले जाती है, जो कि पाठक के लिए अननुभूत होता है! उनकी ताज़ा कहानी **मोहनदास** के नदी-कछार, रात पति-पत्नी, अथवा ताड़ी पीकर सुअर का भुना मांस खाते नाचते लोग जैसे अंश अब भी मेरी स्मृति में कौंधते हैं।

उदय प्रकाश ने हिंदी की प्रचलित गद्य-शैली पर कड़ी आपत्ति उठाई है। याद है, कई वर्ष हुए, उन्होंने **दिनमान** में लिखा था, "आप यदि इस भाषा को नहीं बदलते तो मैं यह देश छोड़कर कहीं और चला जाऊँगा!" अभी हाल में वह इस आपत्तिजनक शैली को 'संस्कृताइज़ेशन', 'ब्राह्मणवादी' आदि नव-सांप्रदायिक नामों से

पुकारने लगे हैं।[15]

इसे संयोग कहिए, 'वहाँ की-सी' हिंदी मेरे गले भी नहीं उतरती! मेरे साथ कारण निश्चित रूप से यह है कि मैं भारत से हज़ारों मील दूर जापान में पिछले चालीस वर्षों से रह रहा हूँ और इस सबब ही मैं सोते-जागते अहर्निश ख़ालिस हिंदी के माहौल में हूँ! इतना अधिक कि मुझे स्वयं भारी अचरज होता है! क्या इस समय यहाँ क्योतो ज़िले के इस पहाड़ी गाँव हातानो में बैठे हुए भी मैं इलाहाबाद, बनारस, उन्नाव, आगरा, मेरठ, जयपुर, दिल्ली और बंबई (जहाँ-जहाँ मैं थोड़े या अधिक समय रहा) इकट्ठा इतने सारे स्थानों पर भी हूँ! हाँ, ओसाका, तोक्यो, बुएनोस आइरेस, मिनो, और क्योतो के नाम, जहाँ मेरे जीवन का अधिकांश बीता, क्यों न आए! मैंने सिर्फ़ स्थान ही के नाम गिनाए; इनके साथ संस्कृत और उर्दू के अर्जित भाषा संस्कार और हिंदुस्तानी शास्त्रीय संगीत के प्रभाव को भी मिलाकर रखना चाहिए। सारे ही प्रातःकालीन रागों में रे - ध कोमल क्यों लगते हैं? १५, १६ और १७ वर्णों के कवित्त छंद का विश्लेषण करें तो पदों के सम-विषम - २ और ३ वर्णों - के पदों का विभाजन तीन ताल या कहरवा ताल पर क्यों आधारित है! इनके अलावा और भी प्रभाव, मेरे जाने-अनजाने में, मुझ पर काम करते होंगे।

वर्तमान हिंदी गद्य शैली को लेकर उदय प्रकाश की बचकानी खीझ पर मुझे हँसी आती है, यह देखकर कि जिस संस्कृत बोझिल शैली को वह मच्छर समझते हुए दोनों हथेलियों के बीच पीटकर उसे नष्ट

[15] क्या जैसे बुद्ध को अपना नया और क्रांतिकारी संदेश देने के लिए संस्कृत छोड़कर पालि की शरण में जाना पड़ा था, उसी तरह अब किसी भी परिवर्तनकारी विचार के लिए हिंदी को छोड़कर किसी दूसरी भाषा में जाना पड़ेगा? **पीली छतरी वाली लड़की** पृ० १२४।

करना चाहते हैं वह मच्छर है ही नहीं, वह तो भाषाई "घुन के कीड़े हैं, जो दिन भर सफ़ेद बुरादा नीचे गिराते रहते हैं!"[16] उनकी खीझ बबूले को मुट्ठी में पकड़ने के प्रयास-सी व्यर्थ लगती है!

क्योंकि संस्कृत तत्सम शब्दों की बैसाखियों पर चलने वाली प्रचलित गद्य शैली से चिढ़ने के पहले इस बात की पूरी गहराई से जाँच हमें करनी चाहिए कि यह लँगड़ापन भला आया कहाँ से, कैसे! बोलते हुए मेरे मुँह से 'अचरज' के बजाय 'आश्चर्य' दस पीछे एक ही बार निकलता होगा, मेरी मातृभाषा अवधी के दबाव से। मेरी माता ने स्कूल का दरवाज़ा देखा ही नहीं; पिता कालेज युनिवर्सिटी पढ़े थे, पितामह भी; ननिहाल की ओर भी ऐसा ही था मगर इन में से किसी के भी मुख से 'आश्चर्य' सुनने की मुझे याद नहीं! तो, इस एक शब्द का पीछा हमें और दूर तक करना चाहिए। ब्रजभाषा के कवि देव का कुल विस्तार २ लाख १६ हज़ार शब्दों का है, 'आश्चर्य' शब्द प्रयोग इन में नहीं मिलता! और पीछे, स्वर-बधिर कवि बिहारीदास में होने की पूरी संभावना मानकर मैंने वहाँ इसे खोजा मगर वहाँ भी यह न मिला। केशवदास, सूरदास, तुलसी, जायसी, कबीर – सब को अच्छी तरह टटोलकर देखने के बाद बता रहा हूँ, 'आश्चर्य' कहीं नहीं है! हाँ, मिलेगा 'अचरज', 'अचंभा'! कबीरदास ने कहा, "दस द्वारे को पींजरा तामे पंछी पौन। रहिवे कौ ***आचरज*** है जाए तो ***अचरज*** कौन॥"

कुतूहल होता है, 'आश्चर्य' सिरे से ग़ायब कैसे हो गया!

क्योंकि 'अचरज' को फिर से 'आश्चर्य' में लौटाना, सेंकी हुई

[16] छप्पन तोले का करधन।

रोटी को पिसान पीसकर, उससे बोवाई के लिए गेहूं के वीज तैयार करने के समान उलटी करामात है! सरेख, जिसकी बुद्धि ठीक-ठिकाने है, वह मनुष्य ऐसा कभी न करेगा! मगर आधुनिक समय में हिंदी के लेखक से लेकर आम (शहरी) आदमी तक, वह जितना ही 'उच्च कोटि' का होगा उतना ही अधिक, (कृपया आगे के क्रम पर ध्यान दें!) पकी-पकाई रोटी को वीज से पिसान से पौधे से रोटी से वीज कमाता ही नहीं - कमाल है, भई! - सब के सामने परोसता भी जाता है! फलतः यह ऊँचे दरजे की हिंदी बुद्धि, तर्क, अर्थ अर्थात् मायने, संगति आदि की खिड़कियों के बाहर घास चरने निकल गई है!

हिंदी अब वह भाषा है जिसमें, निन्यानबे फ़ीसदी प्रसंगों में, बिलकुल ही सोचे-विचारे बिना पूरे ठाट-बाट से बोलते रहा जा सकता है - सामने वाले से बिना कुछ भी कहे!

ओसाका विश्वविद्यालय के पुस्तकालय में एक टेप है, इलाहाबाद में आयोजित किसी गोष्ठी का। इसे एक जापानी अध्यापक ले आए थे। इसमें उर्दू-हिंदी के विद्वानों के भाषण है। हिंदी के एक चोटी के विद्वान् लेखक का कोई १५ मिनट का भाषण मैंने एक बार सुनने का साहस किया - बीच ही में मुझे वैसे ही चक्कर आने लगा जैसे लगातार ३०-४० बार चकरघिन्नियाँ खाने के बाद आता है! बीच-बीच में फ्रायड - कार्ल मार्क्स आदि के नाम तो कान में पड़े मगर उनके वक्तव्य का एक भी वाक्य पूरा नहीं है! लच्छीदार वाक्य, पूरा होने की कौन कहे, यहाँ-वहाँ से उसमें दूसरा-तीसरा वाक्य खिलौने की पिचकारी-सा पिच्च-पिच्च छूटता जाता है! चमत्कारी प्रतिभा का

विलक्षण नमूना है, हिंदी में वह भाषण!

और देखना चाहते हैं? हाथ कंगन को आरसी क्या! यह लीजिए हिंदी के एक प्रख्यात रचनाकार की सन् १९९९ में प्रकाशित पुस्तक का प्रकाशकीय स्वस्तिवाचन -

> समय और समकाल, भौतिक और आधिभौतिक, प्रकृति और बाज़ार, मिथक और टेक्नालाजी, दृश्य और अदृश्य, पृथ्वी और उसमें मौजूद कीड़े तक का अस्तित्व उनकी कविता में परस्पर आते-जाते, हस्तक्षेप करते, खलबली मचाते, उलट-पुलट करते एक ऐसे विस्मयकारी लोक की रचना करते हैं जिसे देखकर पहला आश्चर्य तो यही होता है कि कहाँ कितने स्तरों पर कैसा जीवन संभव है, उसमें कितने ही आयाम हैं, और कभी-कभी तो एक ही जीवन कई नए-नए रूपों की, नई-नई अभिव्यक्तियों की माँग करता दिखता है। ... की कोशिशें यह बतालाती हैं कि अनुभवों की ही तरह भाषा भी एक अनंत उपस्थिति है।
>
> पाठक जीवन की एक नई विपुलता का इतिवृत्त पाने के साथ-साथ आधुनिक बाज़ार और वैश्वीकरण से पैदा हुए अवरोध, अनुरोध और विरोध की प्रामाणिक आवाज भी सुन सकेंगे।

(इस अभिनव बाणभट्ट की अनुप्रास माला में एक 'निरोध' छूट गया है, उसकी पूर्ति मैं किए देता हूँ, **यो निरोधो मयारब्ध इति पद्यं पठन्बुधः। शश्वदुत्फुल्लनासेन तटस्थेनोपहस्यते॥** रसतरंगिणी ५-७ 'यो निरोधो' जो निरोध मैंने प्रारंभ किया को 'योनि-रोध' समझकर

एक पंडिज्जी नेत्र मूँदकर परमानंद लाभ करते भए मुस्कराए जा रहे थे!)

यह संस्कृत बहुल हिंदी नहीं, गूँगे शब्दों का खुला हुआ ठस परनाला है, जो आगे बढ़ने का भ्रम पैदा कर रहा है! मेरा दिमाग़ चल नहीं गया जो मैं यह अनर्गल प्रलाप कर रहा हूँ। और एकाध चावल टटोल लें तो हाँड़ी का हाल कुछ और अच्छी तरह से मालूम हो जाएगा।

कुछ ही दिन हुए, हिंदी में **अग्निपथ** नाम से एक पुस्तक छपकर निकली है। यह नाम (और पुस्तक भी) तर्जुमा है, In The Line Of Fire का। यह एक **अग्निपथ** शब्द, मुझ निज के लिए, भारतवर्ष के, अधिक नहीं तो कम-से-कम, पिछले १२ सौ वर्षों के समय को उघाड़कर रख देता है! Fire = 'आग।' - जिस किसी ने भी यह अनुवाद किया हो, उस प्राक्ऐतिहासिक जीव को बधाई देनी चाहिए, नमो नृपशवे नमः! सोचिए तो, Fire की लंबी-चौड़ी अर्थी व्याप्ति, मगर यहाँ वह सब 'आग' पर आकर सिकुड़ क्यों गई? क्योंकि इस व्यक्ति के मस्तिष्क में Fire ही के विविध अर्थी आयाम नहीं हैं - सच कहें तो इस व्यक्ति को 'आग' संज्ञा के तो शब्दार्थ तक का भान नहीं! गोली चलने के अर्थ में Fire से, अर्थ के विचार से, 'जमालगोटे' से भी अधिक दूर है, 'अग्नि'! यह 'अग्नि' पावक नहीं है, 'का न पावक जरि सकै'; रहीम की आगि भी नहीं, "गई आगि उर लाइ आगि लेन आई जु तिय।" पथ के विशेषण रूप में 'अग्नि' पिछले ५००० बरसों में कोई बोला है, न भविष्य में कोई बोलेगा! क्योंकि 'अग्निपरीक्षा' जैसे यौगिक प्रयोगों (अभी गिनने लगा तो ऐसे पदों की संख्या १० से ऊपर निकल गई!) के विपरीत 'अग्निपथ' से कोई

कैसा भी अर्थ प्रगट ही नहीं होता! यह गूँगेपन की भाषाई प्रतिमा हिंदी की एक टाँग में एक और गूंगे घुँघरू का गहना है, खाजमारी हिंदी के कंधों पर ओढ़ाया गया एक और चिथड़ा-चिरकुट का अंगवस्त्रम्!

हानि या लाभ संस्कृत शब्द बहुलता या विरलता से नहीं, निष्प्राण शब्दों की भरमार होने से है।

> कोई भी गद्य तभी साहित्य बनता है जब उसमें कविता का 'एसेंस' हो। पत्रिकाग्निता भाषा की भरमार के कारण इतने सारे शब्दों के बीच एक सच्चा और अनोखा अनुभव ढूँढ पाना बहुत मुश्किल हो गया है। बहुत से नये और मूल्यवान शब्द छोटे और बीमार बच्चों की तरह मरते जा रहे हैं। ... शब्दों की बहुत बड़ी तादाद के बावजूद आज हमारे पास कुछ भी नहीं कहने वाले शब्द ज्यादा हैं।[17]

(कहना चाहूँगा कि इस छोटी-सी भूमिका का-सा प्राणवान् गद्य अरसे बाद मुझे पढ़ने को मिला! कोई पचीस बरस पहले की बात है, जगूड़ी जी ने मुझे टोका था, 'बावजूद' के बाद 'भी' नहीं चाहिए - तब से मैं जब भी 'बावजूद' लिखने को होता हूँ, मेरी भूल बताने के लिए उनका उपकार मानता हूँ। लेखक तो मेमने से अधिक निरीह और बेसहारा प्राणी है, क्योंकि अपनी औक़ात समझे बिना भाषा के उस घने जंगल में वह दाख़िल होता है, जहाँ पहले ही से शेर-बाघ, गैंडों-हाथियों भारी-भरकम जीवों की उजली हड्डियाँ जहाँ-तहाँ बिखरी पड़ी होती हैं! हाल में एक ही पुस्तक में "शमशेर के आगे ***हथियार डाल दिया***' देखकर हँसी आई कि यह लेखक तो (अनस्थान में!) भाषा से मैथुन करा रहा है! मगर जहाँ नाऊ की बरात में सभी ठाकुर

[17] ईश्वर की अध्यक्षता में *लीलाधर जगूड़ी*।

हों, वहाँ कौन किसको टोके!)

मैं यह नहीं मानता कि हिंदी भाषा में अर्थी स्फीति आने का कारण अँग्रेज़ी भाषा की धौंस या कि टी वी सिनेमा का धुआँधार प्रचार है। यह तो हिंदी भाषियों की मानसिक काहिलियत का नतीजा है। बाबू बालमुकुंद गुप्त की **भाषा की अनस्थिरता** शीर्षक लेखमाला से कुछ अंश पढ़ें तो पता चलेगा कि आलोच्य अंशों में द्विवेदी जी की भाषा में सेर भर तो शब्द, दाने छँटाक भर भी नहीं! तुलना करें गुप्त जी की सीधी बोलचाल की शैली से!

शब्द के लिखित (अर्थात् पठित) रूप से शब्द के अर्थ तक पहुँचने में लिपि का हिस्सा क्या और कितना है? विस्तार से बचने के लिए मैं अनायास ही सामने आ गए दो संक्षिप्त उदाहरण देता हूँ।

* १) "जल्दी करो पंडित, मेरे को बी पी है, ज़्यादा एंज़ायटी मेरे हेल्थ के लिए ठीक नहीं। मरने दो ...

* २) हिरणी ने अपने शिकारी को प्यार से देखा, 'थैंक यू राहुल, फ़ॉर द इंजरी! आय लव यू!

ये दोनों ही वाक्य पूरी तौर से हिंदी के शुद्ध और व्याकरण सम्मत वाक्य हैं! इन्हीं दो वाक्यों को इस प्रकार लिखें –

* १) "जल्दी करो पंडित, मेरे को b p है, ज़्यादा anxiety मेरे health के लिए ठीक नहीं। मरने दो ..."

* २) हिरणी ने अपने शिकारी को प्यार से देखा, 'thank you rahul, for the injury. i love you.

देवनागरी लिपि में लिखे हुए वाक्य को पढ़ लेने वाले सभी व्यक्ति इनके रोमन मिश्रित वाक्य को समान सहजता से पढ़ और समझ

जाएँगे। यहाँ तक कि जिस पुस्तक से ये वाक्य उद्धृत किए गए हैं, वह पूरी पुस्तक इसी प्रकार नागरी-रोमन अक्षरों में (जिस नई लिपि को 'नागरो-रीमन' कहा जाए!) छपती तो पाठकों को पढ़ने-समझने में अधिक सुगमता होती, क्योंकि तब उन्हें नागरी लिपि से अँग्रेज़ी भाषा की सीढ़ी न चढ़ना पड़ता! हाँ, इन्हीं शब्दों को अगर जापानी अक्षरों में लिखा जाए -

* १) "जल्दी करो पंडित, मेरे को ぴぴ है, ज़्यादा 円具最低 मेरे ヘルス के लिए ठीक नहीं। मरने दो ...

* २) हिरणी ने अपने शिकारी को प्यार से देखा, 産休、らフル 不オアー さ 印砂利。愛ラブ用!

अब इसको मैं तो दूर, जापानी भाषा का प्रकांड पंडित भी जैसे-तैसे पढ़ चाहे ले लेकिन अर्थ, जापानी में लिखा होने पर भी, उसके पल्ले ज़रा भी न पड़ेगा! जापानवासी चीन में प्रकाशित अख़बार पढ़ लेता है; इसी प्रकार चीन के लोग जापानी; क्योंकि चीनी-जापानी के अक्षर प्रायः सभी समान हैं। मगर एक-दूसरे की भाषा का अर्थ दोनों की समझ में मुतलक न आएगा। ऐसा क्यों? क्योंकि प्रायः एक-डेढ़ साल की अवस्था से कानों में बारबार पड़ने वाला एक शब्द विशेष अर्थों की अमिट छाप स्मृति में टाँकता जाता है। अक्षर एक होने पर भी चीनी बच्चा उसे जैसा उच्चरित होता सुनता है, जापानी बालक उससे सर्वथा भिन्न। फ़ारसी और हिंदी में 'मुर्ग़ा', 'चिड़िया', 'देव' आदि के समान। 'कट' और 'cut' उच्चारण और अर्थ में समान होने पर भी तीरघाट मीरघाट हैं! दोनों ही को सदियों के बीच प्रयोक्ताओं ने माँज-चमकाकर हमें दिया है! 'आँखों में रात कटना' को 'cutना'

लिखना वक्ता फिर श्रोता को इस एक शब्द की ४-५ सौ वर्ष लंबी परंपरा से काटकर अलग फेंक देता है।

'शब्द' मुँह से निकली हुई ध्वनि या काग़ज़ पर लिखी हुई इबारत भर नहीं होता; वह तो कई सदियों का इतिहास छिपाए होता है, बरसों की सांस्कृतिक परंपरा उसमें सोई होती है – यही सब तो उस भाषा में जान फूँकता है, प्रयोक्ता वक्ता-श्रोता को प्रभावित करता है! "राम क भीजै मुकुटवा लखन सिर पटुका, मोरि सीता क भीजै सेंदुरवा, लउटि घर आवउ" – 'सिंदूर भीगना' मात्र गीला होना थोड़े ही है! मेरी माता इसे गाते हुए अपने आँसुओं का वेग न सम्हाल पाती थी।

अपनी जड़ों से कटा हुआ शब्द, वह किसी भी शैली का क्यों न हो, छिपकली की कटी पूँछ की तरह, कुछ देर हिल-डुल भले ही ले, बेजान ही रहेगा; लेखक की लिखास भले ही शांत हो जाए, कोई भी उसकी न सुनेगा।

हिंदी को गढ़ने वाले तथाकथित पंडित, लेखक, अध्यापक थोड़े ही हैं, जनता है, जिसे अक्षर चीन्हना तक नहीं आता, वह जनता भी भाषा की सजग पहरेदार है। यही कारण है कि ऊपर दिखाई गई हिंदी कोई नहीं बोलता। ऐसी हिंदी का धुँआधार प्रचार टीवी, सेनिमा, विज्ञापन आदि से बरसों लगातार होने पर अधिक से अधिक इतना ही होगा कि वह एक शब्द मर कर साधारण जनता के लिए गूँगा, अर्थहीन हो जाएगा!

आधुनिक हिंदी गद्य के समान भाषा की छीछालेदर करने की तलब मैंने हिंदी कविता में कहीं न पाई! ऐसा क्यों? कारण पर विचार करें तो उससे मेरे मत की पुष्टि होगी। क्योंकि यह कविता श्रोता को

प्रभावित करने के लिए नहीं, बल्कि अपने मन की कह जाने के लिए कह रही है, यही उसकी असली बोली है! उदय प्रकाश ही नहीं, विष्णु खरे, असद ज़ैदी, राजेश जोशी, देवी प्रसाद मिश्र, ऋतुराज - प्रत्येक के हर प्रकाशित कविता संग्रह से चुनें तो कम से कम आध दर्जन अति उत्कृष्ट कविताएँ निकल आएँगी! (सच पूछें तो ऐसे कवियों की नामावली ही बहुत लंबी हो जाएगी!)

किसी भी अँधेरे में उच्छिष्ट में गर्द और रद्दी के ढेर में / सुलभ शौचालय की सीलनभरी छत या महानगरपालिका के कूड़ाघर में / कहीं भी रह लेंगे हम / बस आप लोग छिपकलियों से डरें नहीं - **उदय प्रकाश**

हमारा क्या है दिदिया री! / हारिल हैं हम तो आयेंगे बरस-दो-बरस में कभी / दो-चार दिन / मेहमान-सा ठहरकर / फिर उड़ लेंगे कहीं और।

बारिश में भीगेंगे धुलेंगे कंचे / काँच बरसेगी / उनके भीतर के रंगों की चमक में। - **असद ज़ैदी**

ध्यान दें, 'हारिल' और 'बरसेगी' की अर्थ व्याप्ति पर! भावना और दृश्य को कितनी लंबी यात्राएँ कराते हैं, ये शब्द! यहाँ भाषा-शैली में छेड़छाड़ तो दूर, एक शब्द तक हटाकर कहीं और रखने का साहस भला कौन करेगा!

रेतघड़ियों की तरह हम भी / बिलकुल सही समय बताते थे / हमारा खेल ख़त्म नहीं होता था / पृथ्वी

का गुरुत्वाकर्षण हमें चलाता था / हम बहुत कम ख़र्चीले थे / हवा, पानी, बालू आदि से चल जाते थे / अगर कोयला डाल दें हमारे पेट में / तो यकीन करें हम अब भी दौड़ सकते हैं - **उदय प्रकाश**

भाषा के गूँगेपन की जो भारी क़ीमत हम अब तक चुकाते आए, उस पर किसी का ध्यान नहीं जाता। वह तो बीते समय की बात हुई। आज भी हम उसका हरजाना भर रहे हैं, बिना जाने, इस पर थोड़ा अचरज अवश्य होता है। भविष्य में इसका कितना भारी दंड हमें भुगतना होगा, यह सोचकर भय से जी काँप उठता है!

आप दक्षिण की ओर कभी गए हों तो नागपुर से नीचे कहीं भी, जैसे कि मदुराई, रामेश्वरम आदि नगरों ही नहीं, उधर के गाँवों की भी तुलना उत्तर के स्थानों से, जैसे पटना, कानपुर, आगरा आदि से करें तो, दोनों ही स्थानों में ग़रीबी लगभग एक-जैसी होने पर भी, साफ़-सुथरे होने-न होने के भारी अंतर पर आपका ध्यान गया होगा। ऐसे ही मैं कुछ उन स्थानों के नाम बता रहा हूँ जहाँ-जहाँ खड़े होकर मैंने देखा है। पटना सिटी स्टेशन के बाहर, दिल्ली में लाल क़िले के पास वाले सुभाष पार्क के फ़ुटपाथ पर और लखनऊ के क़ैसरबाग़ चौराहे के किनारे। मेरा अनुरोध है, आप भी यहाँ-यहाँ कुछ देर स्वयं खड़े होकर सामने से गुज़र रही भीड़ के लोगों की आँखों में झाँककर देखें। इन आँखों के भीतर मैंने पाई है, अंधे बिल्लौर-सी चमक रही असुरक्षित होने की बेचैनी, उस स्थान पर होकर भी कहीं भी न होने का निर्वाक् खोयापन। इनकी तुलना मुंबई में चर्चगेट स्टेशन पर राक्सी वाली सीढ़ियों से उतर-चढ़ रही भीड़ से करें। क्या उनमें ऊपर वालों

का-सा भाव झलकता है? कलकत्ता में चितपुर रोड, श्याम बज़ार सफ़ेदपोशों के क्षेत्र नहीं, यहाँ भीड़ और भाग-दौड़ है मगर लोगों की आँखों में अंधा उजास नहीं!

अन्य स्थानों की अपेक्षा, पाणिनि द्वारा परिभाषित 'मध्यदेश' में (जालंधर से लेकर मगध का प्रदेश) – ऊपर के स्थान यहीं हैं न! – यह भेद क्यों है? आज ही नहीं, बहुत पहले से! इसका कारण क्या है??

बात बहुत पुरानी नहीं है, आगरा से लेकर पटना तक, सड़क के दोनों ओर बंदनवार बँधवा दी थी, दो लाख कटे हुए सिरों की, अब्दुल्ला ख़ाँ ने – यह अब्दुल्ला ख़ाँ था कौन? अलाउद्दीन खिलजी से लेकर औरंगज़ेब तक सात बार बनारस ही के मंदिर क्यों ढहाए जाते रहे? मैं ये गड़े मुर्दे इस लिए उखाड़ रहा हूँ, कि इसका सही-सही जवाब न मालूम किया गया तो ये ही व्यक्ति नाम बदल-बदलकर, आज दिन कभी जैश मुहम्मद तो कभी तालिबान के चोले धारण कर जम्मू, दिल्ली, अक्षरधाम, पहाड़गंज, वाराणसी रेलवे स्टेशन, ज़वेरी बाज़ार पर उतरते हैं, भविष्य में अनंत काल तक उतरते रहेंगे!

भला कौन हैं ये? इनको विदेशी आक्रमणकारी, म्लेच्छ या मुसलमान कह देना पूरी पहचान नहीं है। मैं बार-बार कहता हूँ, एक हज़ार बरस, टूटे मंदिरों पर सिर पटकते, रोते; गुलाम बनाकर कारवाँ में ले जाए जाते, २-३ दीनार में बग़दाद से लेकर दमिश्क की मंडिओं में बिकते, लेकिन आँख नहीं खुलती!

इंसान को तहफ़्फ़ुज़ अपना भी है ज़रूरी।
वह सर बुरा कि जिसको परवा न हो चपत की॥ –

अकबर।

स्मरण करें, तैलंग जगन्नाथ पंडित को! आगरा क़िले का 'पंडितराज', विदेशी शासक और उनके धर्माचरण को उसने अति निकट से देखा था। चाहता तो इनका कच्चा चिट्ठा खोल सकता था! मगर दिया उसने **रसगंगाधर, मनोरमा कुचमर्दनम्**! सुंदरदास शाहजहाँ-औरंगज़ेब का 'कविराज', पीछे छोड़ गया है **सुंदरशृंगार** रीति ग्रंथ! दो लाख कटे हुए सिरों की माला सजाने वाले अब्दुल्ला खाँ का आश्रित कवि था, श्रीपति मिश्र! उसके **काव्यसरोज** में इस हत्याकांड की ओर इशारा तक नहीं! उधर सन् १७३९ में दिल्ली की नादिरशाही लूट का ब्यौरा मुझे ब्रिटिश लाइब्रेरी में संगृहीत उमर की **हालात ए नादिरशाह** नामक फ़ारसी पोथी में मिलता है, (India Office P, 4008)। महमूद गज़नवी द्वारा अपने साथ भारत लाया हुआ उस युग का प्रकांड अरबी विद्वान् अलबरूनी, उसने **भारत** नामक अपनी पुस्तक में इस देश की बखिया उधेड़ कर रख दी! इधर चोली-दामन का साथ, मगर अपने को समझाने ही के लिए सही, इस्लाम की आंतरिक जाँच-परख आज दिन तक किसी से न हुई! अलाउद्दीन खिलजी के समकालीन काव्यदर्पणकार विश्वनाथ (सन् १३००) इस किंकर्तव्यविमूढ़ता का बढ़िया ख़ाका खींच गए हैं- यह अलाउद्दीन है क्या बला जिससे न लड़कर पार पाया जा सकता है, न मेल किए!

सन्धौ सर्वस्वहरणं विग्रहे प्राणनिग्रहः।
अल्लावदीन नृपतौ न सन्धिर्न च विग्रहः॥

गज़नी में हरे चँदवे के नीचे कब्र में आराम से सोया हुआ महमूद वहाँ से चलकर अब भारत न आएगा, पर उसके द्वारा पदाक्रांत भूभाग

इस बार एड्स का मुख्य नृत्यांगण हो रहा है! मेहरौली में दफ़नाये हुए 'अल्लावदीन नृप' को वाराणसी में कोई रुचि न रही मगर भाषाई गूँगेपन से उत्पन्न इस प्रदेश के अर्थशास्त्र ने तय कर दिया है कि संसार में सर्वाधिक संख्या में निरक्षर और तपेदिक़ के रोगी कहीं और नहीं बल्कि इसी भूभाग में डोला करेंगे।

यह गफ़लत बहुत ही ख़तरनाक, भविष्य की तमाम संभावनाओं को अंधे कुएँ में फेंक देगी! पिछले ७०-८० वर्षों से इस भरम में कि राजनीतिक आंदोलन के ज़रिए पिछड़े वर्गों को उबारा जा सकता है, हमारा देश तेली के बैल-सा चक्कर लगाए जाता है। उत्तर के दो बड़े-बड़े प्रांतों को हज़ारों बरसों बाद पहली बार उच्च वर्ग के दमघोटू शिकंजे से छूटा हुआ देखकर मैंने मन में बड़ी उम्मीद लगाई थी। मगर ढाक के वही तीन पात! क्या अंतर होता है, अगर अमुक की अँगूठियों में जड़ा हुआ हीरा अब तमुक के बुंदों में पड़कर किरणें छिटका रहा है! जो कि होना चाहिए था - और हो भी सकता था - कि इन बीस सालों में पासी-चमार, मुसहर, सारी जातियों के बालक-वृद्ध, स्त्री-पुरुष, परवा नहीं जो वे सुबह-शाम सिर पर मैला ढोते रहें, मुर्दा जानवरों की खाल उतारते-सिझाते रहें - सब को मातृभाषा की बारहखड़ी, तथा १ से ९ और शून्य की संख्याएँ लिखना आ जाता! 'अक्षर ' पर कब्ज़ा जमाकर ही तो मुट्ठी भर ब्राह्मण वर्ग ने शेष सब की गर्दन दबोच रखी थी! एक बार उसके चंगुल से निकलकर अक्षर ज्ञान भर हो जाने से चीन्हने, परखने, चुनने और निर्णय करने की अदम्य शक्ति (मनसा निश्चयं कृत्वा!) पाकर वह नृपशु से नर और नारायण बन गया होता! कैसे, यदि इसे प्रत्यक्ष देखना चाहें

तो जाकर देख सकते हैं, पटना में दो दीवाने नौजवान, न सरकारी सहायता न पूँजीपतियो के दान, कैसे रामानुजन गणित एकेडमी में साल-दर-साल बिहार भर से चुन-चुनकर निर्धन-निरक्षर घर-द्वारों के कोई ३ सौ प्रतिभावान् लड़के-लड़कियों को, उनके रहने-खाने का प्रबंध अपनी ओर से करते हुए तैयार कर उन्हें आइ-टी की कठिन परीक्षाएँ पार करा रहे हैं! हमारे यहाँ पिछड़ेपन की समस्या पूरी तौर से राजनीतिक, धार्मिक, सामाजिक है ही नहीं, अधिकतर आमदनी के स्रोत, खेत, ताल, नौकरी-धंधा आदि तक पहुँच पाने, इन्हें अपने हाथ में बनाए रखने के साधनों की है।

भूख-प्यास, दाना-पानी, मिट्टी-बीज, मौसम, सब की पहचान कराता है शब्द! पतंजलि के महाभाष्य का पहला शब्द है, 'कः शब्दः?' - शब्द क्या है? शब्द वह है, जो अमुक-अमुक-अमुक गुण से युक्त 'गौ' का ज्ञान कराता है!

पहचान होती है शब्द से! फिसलकर मुँह के बल गिरने का सबब है ***यह केले का छिलका***! आए दिन हम देखते हैं, फ़ुटपाथ पर फेंके हुए केले या संतरे के छिलके पर पैर पड़ने से फिसलकर लोग धड़ाम से गिरते हैं - दस में कितनी बार यह देखा गया कि गिरकर उठने वाले ने अपनी राह आगे बढ़ने के पहले ठोकर मारकर छिलके को किनारे किया? कांग्रेस अध्यक्ष मौलाना आज़ाद कलकत्ता से दिल्ली जाते हुए लखनऊ स्टेशन प्लेटफ़ॉर्म पर उतरे कि फिसलकर मुँह के बल गिरे, उन्होंने या कि लपककर उन्हें उठाने वालों में से किसी ने फल का वह छिलका कूड़ेदानी में फेंका होगा, मुझे भरोसा नहीं। 'गिरे' के बाद-पहले की प्रक्रिया भला गुम कैसे हो गई!

हाल के दो दृश्य हैं। पिछले वर्ष बंबई की महावृष्टि में एक रेलवे पुलिया की महराब तक बाढ़ का पानी भर जाने से उसमें, आगे बह न पाने से, कई शव वहीं उतरा रहे थे। अधिकतर गायें, एक-दो भैंसें – और चश्मा लगाए हुए एक युवक का शव भी!

स्थल वही बंबई, ट्रेन बम विस्फोट के बाद माहिम का रेलवे प्लेटफ़ॉर्म, सिमेंट के फ़र्श पर चादर बिछाकर एक व्यक्ति, एक हाथ का तकिया लगाकर करवट सो रहा है – चादर को लगभग छूती हुई चौड़ी लाल पट्टी है, सूखे हुए खून की! किसी ज़्यादा घायल, या कि अधिक संभव है, कोई कटा-फटा शव घसीटते हुए ले जाया गया होगा। इसके पहले नहीं बाद वह दूसरा मनुष्य सोया है – पहले से सोया होता तो हलचल से जाग उठता।

यह दूसरे मनुष्य का ताज़ा खून है, क्या नींद से सोने के पहले उसने पहचाना होगा? नहीं, पहचान कराने वाला शब्द ही, 'अग्निपथ' और 'हथियार' के क्रम में, गूँगा हो चुका था! जापान में इन ४० वर्षों के बीच मैंने शव देखा है, चार बार – पत्नी के निकट संबंधियों के। बाढ़, भूकंप, दुर्घटनाएँ यहाँ भी आए दिन होती हैं; सैकड़ों और हज़ारों मौतें होती हैं। पर पुलिस कर्मियों का घटना स्थल पर पहुँचते ही पहला काम होता है, उस स्थान को चारों ओर – और ऊपर से भी – इस तरह परदों में कर देना कि किसी को दिखलाई न दे – क्योंकि वहाँ केवल 'मुर्दे' ही नहीं पड़े हैं; दूर-पास उनके रोते-बिलखते सगे-संबंधी भी जीवित हैं! यह बात ठीक से समझ में आने के लिए क्या आपके इकलौते जवान बेटे की ताज़ा-ताज़ा चिथड़ा लाश का विडिओ बीस बार आपको दिखलाना ज़रूरी है!

आंध्र प्रदेश में समुद्री तूफ़ान के बाद साइट पर पहुँचने वाले पत्रकार गाँव वालों से यही पूछ रहे थे, "लाशें किधर हैं?" क्योंकि 'लाश' के पीछे जीवित रह चुका मनुष्य, उसकी छटपटाहट, अनाथ छूट गए स्त्री-बच्चे, माँ-बाप - सब अर्थहीन हो चुके हैं! इसी के चलते भाषा तक खूँख़ार हो गई, 'लेकिन पिछले दिन के दंगों में *केवल सात व्यक्ति* मारे गए।'

इस लिए डर मुझे संस्कृत, फ़ारसी या अँग्रेज़ी बहुल हिंदी से नहीं लगता, गूँगी हिंदी मुझे काल से भी अधिक भयावह, मुँह तक भोजन का कौर पहुँचाने वाले हाथ से हुनर-धंधा छीनती, तन ढक रहे कपड़े-लत्ते नोचकर नंगी-बूची करती, द्वार-देहरी ढहाती, चारों ओर की सारी चराचर सृष्टि को महाकाल भी अधिक विकराल, निगलती हुई दिखलाई देती है -

कालोऽस्मि लोकक्षयकृत्प्रवृद्धो लोकान्समाहर्तुमिह प्रवृत:

'काल हूँ मैं, इस लोक के विनाश के लिए बढ़ी हूँ, लोकजन के प्राण हरने में लगी हूँ!'

*

हिंदी व्योपारी हिंदी

अनेक प्रश्न इस समय मेरा पीछा नहीं छोड़ रहे हैं। मैं यह लिख रहा हूँ, इस उम्मीद से कि हो सकता है अगर उन सब का नहीं तो कुछ का उत्तर मुझे आप से मिल जाए।

कुछ साल पहले की बात है, मेरे एक जापानी प्रोफ़ेसर मित्र की वर्षों के परिश्रम से लिखी गई भारत विषयक पुस्तक के दूसरे खंड की छपाई की बात उठी। ६० लाख यन (प्रायः २५ लाख रुपए) का बजट। मेरी इच्छा हुई कि इसकी छपाई अगर भारत में हो सके तो इतनी विदेशी मुद्रा हमारे देश को मिल जाएगी। पुस्तक का सारा मसौदा ऑफ़सेट छपाई के लिए तैयार है, बस, उत्तम छपाई और पक्की जिल्दसाज़ी ही तो होनी है! हमारे कितने ही देशभाई और बहिनें अरब देशों में जाकर वहाँ नारकीय जीवन व्यतीत करते हुए भी धनार्जन कर उसे विदेशी मुद्रा के रूप में घर भेजते हैं। साउदी अरब में उनमें से एक को अपनी आँख खोनी पड़ी, केरल से अफ़गानिस्तान जाकर वहाँ ट्रक ड्राइवरी करने वाले कुट्टी का तो हत्यारों ने गला ही चाक कर सड़क किनारे फेंक दिया – घर लौटी बेचारे की ठंडी लोथ! इधर यह तो प्रेस में छपाई का आसान काम है, घर बैठे, अधिक-से-अधिक प्रेस की स्याही से हाथ गंदा होगा, वह भी दिल्ली या नोएडा वगैरह में!

मैंने दबी ज़बान एक बार मित्र से इसकी चर्चा चलाई। पुस्तक का पहला भाग यहाँ जापान में एक विश्वविद्यालय ने प्रकाशित किया था, और छपाई ओसाका के एक प्रेस में हुई थी। मेरे पास उसकी एक प्रति है – यह कहने की आवश्यकता नहीं कि प्रकाशन सब प्रकार से निर्दोष हुआ है।

जापान में उत्तर तत्काल हाँ-ना में नहीं दिया जाता। इसका अर्थ विचाराधीन रखना होता है। यों भी बुद्ध का जन्मस्थान होने से, भारतवर्ष के लिए जापानियों के मन में विशेष लगाव है। तोक्यो के प्रो० दोई देहांत के पहले अपनी पत्नी को सहेज गए थे कि उनकी अस्थियाँ भारत की किसी नदी में प्रवाहित की जाएँ। एक जापानी अध्यापक उनके फूल लेकर भारत गए थे, उसे इलाहाबाद के संगम में विसर्जित करने। वैदिक संस्कृत से लेकर बौद्ध साहित्य तक के प्रकांड विद्वान् प्रोफ़ेसर नाकामुरा (१९११ - १९९९) भी अपने लिए ऐसा ही कह गए थे।

मैंने दिल्ली के एक नामी व्यापारी को, जिनका प्रकाशन का धंधा है, लिखा कि इस कार्य को संतोषजनक रूप से कर सकने का उन्हें पूरा आत्मविश्वास यदि हो तो मैं उन्हें संबंधित व्यक्ति से सीधे संपर्क स्थापित करने का अता-पता दूँ। यह रुपए-पैसे के लेन-देन का मामला है, काजल की कोठरी, इसमें मैं स्वयं जाना न चाहूँगा। दिल्ली में एक व्यक्ति का नाम-पता, फ़ोन नंबर उन्हें बताया, कि इनके पास पुस्तक का पहला प्रकाशित भाग होगा, इनसे मिलकर वह देख सकते हैं।

कुछ समय बाद उनका उत्तर मिला। और बातों के अतिरिक्त उन्होंने लिखा, "प्रकाशन प्रस्ताव आकर्षक है।" मेरा तो जी 'प्रस्ताव' शब्द ही से छनक गया! कारण, भारत में अब बोली जाने वाली हिंदी मेरे पल्ले बहुत कम पड़ती है – वह मेरे सिर के डेढ़ इंच ऊपर-ऊपर चमगादड़ की भाँति फड़फड़ाकर उड़ जाती है, अर्थ उसका मेरे मस्तिष्क को छूता नहीं!

'प्रस्ताव' वह डाक टिकट है, जिसकी पीठ पर गोंद की तरह लगा

हुआ अर्थ चट गया है, आप वहाँ थूक लगाकर लिफ़ाफ़े पर चिपका रहे हैं - आपकी चिट्ठी कोई मामूली डाकिया तो पहुँचाने से रहा! इसी लिए पुराने अनुभवी जन कह गए हैं, 'एकः शब्दः सम्यक् ज्ञातः संप्रयुक्तः स्वर्गे लोके च कामधुग् भवति' एक ही शब्द सही, भलीभाँति हृदयंगम कर उसका सटीक प्रयोग किया जाए तो वह इहलोक परलोक दोनों में मनोकामना पूर्ण करने वाला होता है! फिर, प्रस्ताव करने वाला मैं कौन! यह तो सौदा है, ख़ालिस, वैसा ही सौदा जैसा, मसलन्, जी बी रोड से लेकर सिलिकॉन वैली तक में सलटाया जाता है; एक हाथ दे, एक हाथ ले! मेरे सुझाव का वास्तविक आशय यह सूचना भर देना था कि महाशयजी, ताड़ के ऊँचे पेड़ पर एक फल लटक रहा है, उसको ऊपर चढ़कर तोड़ लाने की कुब्बत आपमें हो तो तोड़ लीजिए, चार पैसे की आमद आपको हो जाएगी। यन का लोन माँगने हमारे मंत्रीगण तोक्यो आते हैं, यह विदेशी मुद्रा देश को आपके पसीने की कमाई की मिलेगी! बस, इतना ही तो मेरा मंतव्य था!

इसके बाद उनकी ओर से कोई बात न सुनाई दी! नहीं जानता, इसके बाद क्या मेरे लिए यह भी करना आवश्यक था कि उनका मुँह खुलवाकर उसमें, पँजीरी-चरणामृत के प्रसाद की भाँति यह धन डाल देता! हाँ, वहीं के मेरे एक-दो परिचितों से उन्होंने इस विषय में 'कुछ' दरियाफ़्त ज़रूर किया, ऐसा मैंने उन एक-दो से सुना!

इस पर मुझे एक मनोरंजक चुटकुला याद आ गया! तीसरे पहर एक किसान सौदा-सुलफ लेने बाज़ार जा रहा था कि उसने देखा एक खेत के बीच में मौलवी साहब एक गधे की गर्दन में एक बाँह दिए बैठे हैं। लौटती बेर भी किसान ने दोनों को उसी मुद्रा में देखा तो उससे

न रहा गया, पूछ बैठा, "मौलवी साहब, वहाँ क्या कर रहे हैं?" मौलवी साहब ने कहा, "बेटे, गधे को आदमियों की बोली सिखला रहा हूँ!" "अरे मौलवी साहब! खामोशी सीखिए, गधे से!"

मौलवी साहब की भाँति मैं एक व्यापारी को व्यापार की भाषा नहीं सिखलाना चाहता मगर आपसे, जो यह लेख पढ़ रहे हैं, मेरी प्रार्थना है कि इस प्रसंग में मुझसे कोई भूल-चूक हुई हो तो कृपया मुझे सुधार दें।

इस लिए भी कि मुझसे भूल हो जाना बिलकुल वाजिब है। चालीस बरस से ऊपर हुए भारत से निकले मुझे, इतना समय थोड़ा-सा नहीं होता – इतने में दो नई पीढ़ियाँ जन्म ले लेती हैं! मगर इतना तो कहे बिना न रहूँगा कि व्यापार ऐसे नहीं किया जाता! सफल व्यापारी के लक्षण कुछ और ही होते हैं!

जापान आए मुझे कुछ ही समय हुआ था। आरंभ में कुछ दिन मैं टिका था, ओसाका के शहर बाहर, विदेशी प्रशिक्षणार्थियों के होस्टल में। फ़ोटोग्राफ़ी का मुझे शौक़ था, मगर फ़ोटो स्वयं तैयार करने का साज-सामान तब तक जुटा न पाया था इस लिए युनिवर्सिटी जाते समय स्टेशन के सामने वाली कैमरा विक्रेता की दूकान में फ़िल्म दे देता; दिन भर पढ़ाकर शाम को घर लौटते समय प्रिंट तैयार मिल जाता।

एक बार ऐसा हुआ कि तीसरे पहर सारे क्लास लेने के बाद सदा की भाँति कुछ देर पुस्तकालय में बैठने के बजाय घर जल्दी लौट जाने का इरादा किया। दो रोज़ से तेज़ बारिश की झड़ी लगी थी। जानता था, फ़ोटो शाम छह बजे तक तैयार मिलते हैं, फिर भी कैमरे की दूकान

में झाँककर पूछ लिया। दूकान के मालिक सुज़ुकी मेरे हमउम्र रहे होंगे। वह सकपका गए और बहुत सारी बातें एक साँस में कह गए। मुझे तब जापानी ठीक से आई न थी, फिर भी इतना तो समझ में आया ही कि उतनी बातों में क्षमायाचना के ही वाक्य अधिकांश में थे।

डेरे पर लौटकर नहा-खा, सोने का उपक्रम कर रहा था कि इंटरकॉम पर मेरे नाम की गोहार हुई, कि मेरा मुलाक़ाती नीचे मेरी प्रतीक्षा कर रहा है। रात दस बजे, वह भी इतनी तेज़ आँधी-पानी में भला कौन होगा। नीचे आया तो देखा, वही सुज़ुकी थे! अपनी दुकान बढ़ाने के बाद ओसाका से कार द्वारा कोई चालीस मिनट की दूरी पर आए थे मेरे फ़ोटो-प्रिंट देने! ठहरिए, प्रिंट का दाम, मैंने कहना चाहा तो वह बोले "दाम अगली बार दे दीजिएगा।" वहीं दरवाज़े पर से वह लौट गए, तेज़ बारिश में। मुझे पता नहीं वह रहते किधर थे।

ऐसे के लिए कृतज्ञता किन शब्दों में व्यक्त की जाए तो वह पर्याप्त होगी, मैं आज तक स्वयं को न बता सका।

यह वाक़या है सन् १९६६ का। उस दिन के बाद मैंने फ़ोटोग्राफ़ी का जो भी सामान या कैमरा वगैरह आज तक ख़रीदा है, सब उन सुज़ुकी की दूकान से! पाँच-एक वर्ष मैं ओसाका छोड़ तोक्यो में रहा। उस बीच भी ओसाका आने पर उनके यहाँ से ख़रीदकर ले जाता। कुल का मोटा-मोटा हिसाब मैं दे सकता हूँ। कैनन और निकोन के कैमरे छह, १२ लाख यन के। ८ मिलीमीटर मूवी कैमरा-प्रोजेक्टर, ५ लाख यन। हैसेलब्लाड कैमरे का एक सेट १० लाख यन। १६ मिलीमीटर मूवी कैमरा और प्रोजेक्टर १० लाख यन। हैसेलब्लाड कैमरा दूसरा सेट १५ लाख यन। कुल योग ५० लाख यन से ऊपर (भारतीय रुपयों में २०-२२

लाख रुपए।)

चाहे यन में हो या रुपए में, छोटी-मोटी रक़म नहीं है यह! कहने वाला कह सकता है कि मैंने धन बहाया। इसके साथ ही यह भी कहा जा सकता है कि अर्जित धन की तीन ही तो गति मानी गई, दान, भोग और नाश! मैंने भोग या कि उपभोग किया। ऐसे प्रसंगों में मुझे रहीम का यह दोहा याद आता है

केहरिकेश भुजंग मणि पतिव्रता को गात।
शूर अस्त्र अरु कृपण धन मरे लगत है हात॥

मैंने कृपणता जब जीने में न की तो धन में क्यों करूँ!

सुज़ुकी सान् ने उतना ही किया जो एक कुशल व्यापारी करेगा, न रत्ती भर कम, न माशा बराबर अधिक – एक ग्राहक का मन उन्होंने मोह लिया! जापानी होने से उनके सुरख़ाब का पर नहीं लगा है! इलाहाबाद लोकनाथ में रामपियारी कुँजड़िन भी छाँट-छाँटकर अच्छी सब्ज़ी पलड़े पर चढ़ाती थी - मेरे पिता के समय से सब्ज़ी उसी से ख़रीदी जाती रही! जापान में भी एक दूकान और उसके ग्राहकों का संबंध तीन-चार सौ वर्ष तक पुराना होता है। भारत में भी ऐसा ही था, पहले – अब भले ही न हो!

फ़ोटोग्राफ़ी में मेरी अब न पहले की-सी रुचि रही और न उतना अर्थ-सौकर्य। सुज़ुकी की पुरानी दूकान पर अब मेरी अगली पीढ़ी स्थायी ग्राहक है!

अभी दो वर्ष हुए, एक जेबी कैमरा ख़रीदने का मन हुआ। सुज़ुकी की दूकान पर फ़ोन किया – फ़ोन उठाया संयोग से सुज़ुकी सान् ने! मेरी आवाज़ से चट पहचान गए वह! बताया, बूढ़े हो गए हैं, फिर

भी दोपहर को कुछ देर दूकान पर रहते हैं। उन्होंने सोनी का डिजिटल कैमरा लेने का सुझाव दिया। दाम ४२ हज़ार यन, ख़ास तौर से मेरी ख़ातिर। कैमरा काफ़ी सस्ता लगा – गो, एक समय था जब मैं ५ या ६ लाख का एक हैसेलब्लाड ख़रीदता था। उन्होंने कहा, वह अपने मैनेजर को सहेज देंगे; वह स्वयं दूकान पर न हों तो भी मुझे कैमरा किफ़ायती मूल्य पर मिल जाएगा।

मैं एक-डेढ़ माह उधर जा न सका। एक तो क्योतो से ओसाका सौ-सवा सौ किलोमीटर दूर, दूसरे अपना शांत स्थान छोड़ ओसाका के भीड़ भरे कोलाहल में जाने को मन ही नहीं उठता। गया तो संयोग से सुज़ुकी मिल गए – कोई १५-१६ वर्ष बाद उनसे भेंट हुई। कुछ देर औपचारिक बातों के बाद उन्होंने कैमरा मुझे दिखलाया। बहुत बढ़िया है, सोनी का जेबी आकार का डिजिटल कैमरा! मगर दाम देखकर तो मेरी फूँक निकल गई! ५६ हज़ार यन! इतना पैसा लेकर मैं गया न था – और इतना महँगा सामान ख़रीदना मेरी अब की शक्ति के बाहर था।

मेरे चेहरे से वह भाँप गए होंगे। मुझे थोड़ा अलग ले जाकर उन्होंने धीरे से कहा, “आपके लिए एक कैमरा निकालकर मैंने अपने दराज में तभी रख दिया था!” “मगर ५६ हज़ार यन –” “वह दाम तो औरों के लिए है।”

और तो भला क्या कह सकता हूँ, सिवा इसके कि सुज़ुकी सान् ने मेरी अगली से अगली पीढ़ी को भी अपने मोह पाश से बाँध लिया!

यह भी पुरानी बात है। जापान आने पर पहले-पहल ओसाका में बसा तो एक भारतीय बैंक की स्थानीय शाखा में अपना खाता खुलवाया।

था वह घर से बहुत दूर; घर के पास में ही एक जापानी बैंक की शाखा में मेरा सरकारी वेतन जमा हो जाया करता था – वहाँ से धन निकालने में सुगमता भी थी। हो सकता है, 'इंडिया' को अपनी देह से चिपकाए रखने की ललक-लालसा ही उस भारतीय बैंक की ओर लपकने के पीछे रही हो। उस बैंक के खाते में मामूली धन राशि से अधिक पैसा कभी न रहा। हाँ, जापान से भारत प्रयोजनवश धन भेजने के लिए गाहे-बगाहे उस भारतीय बैंक की शाखा में जाना होता तो अपने लोगों के चेहरे-मोहरे दिखलाई देते, अरसे बाद इंडियन इंग्लिश का भी ज़ायका मिलता! अच्छा लगता।

कई साल होते हैं, मेरे नाम हमारे स्वनामधन्य बैंक से एक पत्र आया, कि मेरे खाते में जो नगण्य-सी रक़म पड़ी है, उसके आधार पर मेरे खाते को बनाए रखना बैंक के लिए संभव नहीं; मैं या तो खाते में २० लाख यन या इससे अधिक राशि बनाए रखूँ; अन्यथा मैं अपना खाता बंद कर दूँ।

ऐसा पत्र एक चिरकुट बैंक ही भेजेगा, दूसरा कोई नहीं! मेरे खाते में १०-१५ हज़ार यन पड़े रहे होंगे! एक बार तो मन में यह कुटिल विचार आया कि उन्हें लिखूँ कि मेरा खाता बैंक अपनी ओर से बंद कर दे और उसमें अब जमा राशि भी वह ले ले – क्योतो से ओसाका उनकी भुसौली में जाने का मेरे पास समय है न साधन। फिर मन ने कहा, "काटे-चाटे स्वान के देह अपावन होए ..." – ओसाका जाकर उस बैंक का अपना खाता बंद कर आया।

मैंने अनुचित नहीं कहा कि एक चिरकुट बैंक ही ऐसा कर सकता है क्योंकि इसके बर ख़िलाफ़ एक और उदाहरण मेरे सामने है – और वह

भी बैंक ही का!

मैं जापानी विदेश मंत्रालय के प्रशिक्षण संस्थान में कुछ समय के लिए नियुक्त हुआ था। तोक्यो से बाहर सागामी ओओनो में यह संस्थान है। तब वहाँ मैंने ३१ मार्च सन् २००० को ५ हज़ार यन से अपने नाम एक खाता खुलवाया था। वहाँ से चलते वक़्त की मेरी पासबुक में उसी वर्ष सन् २००० के अक्तूबर २८ तारीख़ के आगे 0 Yen जमा है - इसके पाँच साल बाद भी इतना ही धन! दिसंबर २०१३ में भी मेरे खाते का कैश कार्ड 'सजीव' है! पत्नी यदाकदा इस गाँव के निकटवर्ती छोटे बैंक की शाखा की मशीन पर नक़द भुगतान कर लेती हैं, उसी बीस बरस पुराने कैश कार्ड के ज़रिए! जिस रजिस्टर में मेरे नाम का खाता है, दस किलो के उस रजिस्टर को सिर पर उठाए हुए लगातार खड़े तो रहना नहीं होता, बैंक मैनेजर को! 0 यन का पुराना खाता क्या, महज़ १ यन् से नया खाता आप किसी भी जापानी बैंक में खुलवा सकते हैं।

हाँ, इस बैंक का नाम पहले बताना रह गया - Bank Of Tokyo-Mitsubishi इस समय UFJ के नाम से यह सारे विश्व में सबसे बड़ा बैंक है। यह इस साख़ पर पहुँचा है तो केवल मात्र मेरे 0 Yen के खाता नंबर 194 - 0220263 को आज भी बनाए रखने के सबब, और भविष्य में जब तक यह बैंक अस्तित्व में रहेगा, 0 Yen के भी ग्राहक को अपने सीने से लगाए रहने से क़ायम रहेगा! मेरा अनर्गल प्रलाप नहीं है यह, बैंक में (०९-१२-२०१३ को) फोन से पूछने-पता करने के बाद यह लिख रहा हूँ, मैं। "जी हाँ, आपका खाता हमारे यहाँ बना है, आप जब भी चाहें, इसका इस्तेमाल कर सकते हैं।"

बैंक क्लर्क ने उत्तर दिया।

उस बैंक से उपरोक्त पत्र पाकर मुझे दुःख ज़रा भी न हुआ, मैं अचरज में पड़ा रह गया। वैसे ही हिंदी 'व्यापारी' प्रकाशक की काहिलियत पर मुझे खेद भला क्यों होने लगा – अचंभा ही होता है! मेरे अचरज में पड़े रह जाने का कारण सिर्फ़ यह है, कि ऐसा भला हो कैसे सकता है? सोचिए तो, बैंक एक व्यापारी संस्था है, वह अपने एक ग्राहक को (वह भिखमंगा हो कि करोड़पति) त्याग देने की धमकी लिखकर कैसे दे सकता है! – उस बैंक का यह परदाफ़ाश हो रहा है, इससे उसकी साख क्या बढ़ती है? और ऐसा भला कैसे संभव है कि एक व्यापारी २५ लाख रुपए के धंधे का नाम कानों में पड़ने के साथ ही उसे हथिया लेने की ख़ातिर तत्काल भारत से जापान नंगे पैर दौड़ न पड़े! ऐसा संभव क्यों है? क्यों है? क्यों?

जी नहीं! यह बिलकुल संभव है - आपको सिर्फ़ सूझ नहीं रहा है, कि कैसे!

याद करिए रामपियारी कुंजड़िन की! तराज़ू के पलड़े पर भिंडी, परवल, प्याज़ चढ़ाते हुए वह दो-चार सड़ी सब्ज़ी समेत तौलकर ग्राहक के थैले में डाल दिया करे तो? तो एक-दो बार का ठगा हुआ ग्राहक उसकी ओर निगाह भी न डालेगा, किसी और सब्ज़ी वाले से ख़रीदेगा।

पुस्तक प्रकाशक आलू-प्याज़ नहीं बेचता, पुस्तक की बढ़िया कागज़ पर अच्छी से **अच्छी** छपाई करा, उसकी जिल्दसाज़ी कराता है तब दूकान की अलमारी पर बिक्री के लिए लगाता है! हिंदी में भी प्रकाशन का निर्दोष होना मानी हुई बात थी! **पंजाब का भीषण हत्याकांड** सन्

१९२२ में निहालचद एंड कंपनी, कलकत्ता, से छपी पुस्तक, ५३६ पेज की - छापे की भूल एक भी नहीं! **योरुप का इतिहास** लेखक भाई परमानंद, सन् १९२५ में प्रकाशित ७२६ पन्नों की - त्रुटि इसमें भी कहीं नहीं! हाल के बरसों में प्रकाशित हिंदी की बिरली ही ऐसी पुस्तक होगी, जिसमें भूलों की भरमार न हो! पुस्तक जापान में छपे कि अमरीका में या कहीं और, बिक्री के लिए उसे दूकान पर रखने की शर्त ही है कि उसमें छपाई वग़ैरह की भूल कहीं नहीं! जापानी की एक भी पुस्तक मैंने ऐसी न पाई जिसमें पन्ने ग़ायब हों, कि उसमें एक भी छापे की या कोई और भूल हो! क्योंकि अगर प्रकाशित पुस्तक में अकेली एक भी भूल हो तो उस संस्करण की सारी कि सारी पुस्तकें नष्ट कर दी जाएँगी। संस्करण आम तौर पर ५ लाख से १० लाख प्रतियों का होता है! अँग्रेज़ी में भी त्रुटि कहीं नहीं! भारत में भी अँग्रेज़ी में प्रकाशित किसी पुस्तक में कोई त्रुटि क्या देखने में आई है, किसी को?

मेरे एक प्रिय सहपाठी मित्र नामी लेखक हैं। उनकी एक प्रकाशित पुस्तक से कुछ नमूने दे रहा हूँ - 'लहज़ा' एक नहीं चार जगह! 'महँक' 'डँसने' और 'उनके आगे हथियार *डाल दिया*'! मैं मानता हूँ कि यह इस लेखक का निपट अज्ञान है - हिंदी ही के कुछ लेखक अज्ञान को कल्पित तमग़े की तरह पहनने में शान समझते हैं! इस लेखक को मूर्ख भले ही कह लें, गिरहकट और चोर यह नही है। रामपियारी कुँजड़िन ने जो कभी न किया - सड़ी हुई सब्ज़ी ग्राहक के हाथ बेचना - वह इस पुस्तक के प्रकाशक ने किया है, क्योंकि यह पुस्तक पर छपा हुआ पूरा दाम वसूल कर (सड़े परवल के समान!) भ्रष्ट पुस्तक बेचता है! ग्राहक के विमुख हो जाने का डर इसे नहीं लगना

चाहिए, इस लिए यह बेधड़क बिक्री करता है! डर क्यों नहीं? क्योंकि अधिकतर ग्राहक कोई हमारे-आपके से मनुष्य थोड़े ही हैं, सैकड़ों की संख्या में पुस्तकों की थोक ख़रीद लाइब्रेरियों में सड़ाने के लिए सरकार करती है! 'सरकार' अमूर्त होती है, उसके सिर्फ़ एक हाथ होता है, जो 'सुविधा राशि' के लिए खुली हुई हथेली हो जाता है! हथेली में आँखें नहीं होतीं, इससे 'लहज़ा' हो कि 'हथियार डाल दिया' - कौन देखने वाला है! इसी सुविधा के होने से तो ८, १० और १२ खंडों की 'ग्रंथावलियाँ' 'रचनावलियाँ' प्रकाशक दनादन छापता है! इतनी भारी संख्या में 'वलियाँ' तो पश्चिमी देशों में भी नहीं निकलतीं! मूल मंत्र है व्योपार का, 'एकं लज्जां परित्यज्य त्रिलोक्यं विजयी भवेत्!'

हमारे देश को छोड़, सारी दुनिया में अन्यत्र और कहाँ ऐसा होगा, भला! कैमेरून में? एथियोपिया? नहीं। बंगाल में, कि कर्नाटक में? नहीं-नहीं!

इस बर्फ़ानी रात में, इसका जो उत्तर अँधेरे में खड़ा होकर लाल-लाल आँखों से घूर-घूरकर मुझे ताक रहा है, वह मेरी बोटी-बोटी में भय की थरथरी दौड़ा देता है!

उत्तर है यह, "आप हमसे हिंदी में पत्र-व्यवहार कर सकते हैं।" यह इबारत उसी बैंक के लिफ़ाफ़े और पैड पर दसियों बरसों से छपती आ रही है, आज भी छपती है - भविष्य में भी छपती रहेगी, "आप हमसे हिंदी में पत्र-व्यवहार कर सकते हैं।" आप इसे दोबारा-चौबारा पढ़े, छह फुटा नंगा-धड़ंगा प्रेत-जैसा जवाब आपके सामने खड़ा हो जाएगा! भारत के अलावा संसार के और किस देश की भाषा में इस भाव को व्यक्त करने वाला वाक्य जोड़ना संभव है! खूब अच्छी तरह से

जाँच-पड़ताल करने के बाद यदि सही उत्तर देना आपके लिए संभव हो तभी उत्तर दें, नहीं चुप रहें। क्या बेल्जियम में, जहाँ जर्मन और फ़रासीसी भी बोली जाती है? क्या कनाडा में, जो द्विभाषी देश है? क्या किसी अफ्रीकी देश में? विदेश छोड़ें, क्या महाराष्ट्री या कि तमिल भाषा में इस जैसा वाक्य कहीं किसी के देखने में आया है?

जी नहीं, कारण एक या दूसरी, या कि दोनों-तीनों भाषा है ही नहीं, विषैली गाँठ इस हिंदी 'भाषा' ही में उपज आई है! अदृश्य ब्रेन ट्यूमर, जो तेल की काली बूँद-सा छिटककर अंग प्रत्यंग में फैलता जा रहा है!

जी नहीं, 'कर सकते हैं' मात्र 'may / can', का अनुवाद भर नहीं, यह तो स्वाभिमान, सम्मान, शालीनता आदि सारे सद्‌गुणों को, जिन्हें अगले, इन जैसे वाक्यों से प्रगट किया जा सकता था, "आप हमे हिंदी में पत्र लिखें", "कृपया हमे हिंदी में पत्र लिखिए" आदि - इन सब को लतियाकर बाहर किए दे रहा है।

बैंक के जिस (हिंदी!) अफ़सर ने एक-एक शब्द मिलाकर यह वाक्य बनाया, उसे इनमें से हर एक शब्द का अर्थ तो मालूम है, मगर उन शब्दों को जोड़ने से पूरे बने वाक्य का अभिप्राय सचमुच के चमगादड़ों के समान ऊपर-ऊपर दूर उड़ा जा रहा है!

बीसियों चमगादड़ों का
सस्वर शुरुआत में अपने उस पेड़ की परिक्रमा करना
और फिर सुनिश्चय से छोटी-छोटी टोलियों में
अलग-अलग दिशाओं में उड़ जाना - विष्णु खरे।

यह वाक्य उस व्यक्ति को यथार्थ से, कहे हुए के परिणाम से, जोड़ता

नहीं! आश्चर्य नहीं, जो उस भलेमानस ने परिणाम के विषय में सोचा ही न हो!

दिल्ली के उक्त व्यापारी भी शिकार हैं, इसी भाषाई ब्रेन ट्यूमर के! मैंने उन्हें जो लिखा, उसके एक-एक शब्द का अर्थ तो वह समझे लेकिन पूरी बात उनके पल्ले न पड़ी! ऐसा यदि न होता तो, अर्जुन की चिड़िया की आँख के समान उन्हें दिखलाई देता, 'पश्यामेकं', २५ लाख का सौदा! 'प्रस्ताव' शब्द तो अर्थी गर्भपात का चिपचिपा परिणाम है!

अफ़सोसनाक बात है, मगर ऐसा बैंक हो कि व्यापारी, आगे भी पिटता जाएगा, क्योंकि उसे इसका भान ही नहीं, कि उसके सिर पर मार पड़ रही है!

इन्सान को तहफ़्फ़ुज़ अपना भी है ज़रूरी,
वह सर बुरा कि जिसको परवा न हो चपत की।
अकबर इलाहाबादी।

इस व्यापारी से मेरा न कोई पुराना ताल्लुक़, न कभी मैं इनसे मिला चार अपरचित व्यक्तियों के साथ यदि यह हों तो मैं इन्हें पहचान भी न सकूँगा! बैंक ऑफ़ 'इस' 'उस' की भी क्या परवा। लोकोक्ति है, बड़ी मार गोविंद की, जो चित से दिया उतार! और-और प्रश्न हैं, जो मुझे तंग किए हुए हैं।

इस समय भारत का अर्थतंत्र सालाना ८ प्रतिशत की दर से बढ़ रहा है इसमें इस व्योपारी का और इस बैंक का कितना योगदान है? और सन् २०२० में भारत संसार के गिने-चुने देशों के समकक्ष संपन्न

देश होगा – तब उसे वहाँ पहुँचाने में इस व्योपारी और इस बैंक का क्या प्रयास सम्मिलित होगा? यदि दोनों का उत्तर नकारात्मक है तो ऐसे व्योपारी और बैंक, दोनों ही का क्या होगा!

दुःख होता है उसके लिए जो मुझे प्रत्यक्ष दिखलाई दे रहा है! क्या कोई अनुमान कर सकता है, हिंदी भाषा में पनपती और बढ़ती हुई गाँठ कितने करोड़ नए निरक्षरों, कितने करोड़ तपेदिक़ और एड्स के नए मरीज़ों, बेरोज़गारों के हुजूम आदि को अगले बीस वर्षों में जालंधर और पटना के मध्यवर्ती क्षेत्र ही में खड़ी करने को है! इस बिल का भुगतान आइ टी से बटोरे हुए धन से किया जा सकता है, ऐसा सोचने वालों को मेरी अगणित शुभकामनाएँ।

४० बरस बाद भी मेरा देश है वह। 'देश' मिट्टी-पत्थर की भूमि थोड़े ही है! मैं क्योतो के इस दुर्गम गाँव में आ बसा क्योंकि यह कौसानी है, और रात नीचे घाटी में बहती कोसी की धार सुनाई देती है, यहाँ; मियाज़ाकी में मैं देखा करता हूँ, पुरी का चंद्रभागा समुद्र तट। त्सुरुहाशी से होकर मैं लोकनाथ और बुलानाला जाता हूँ; गिफु का पर्वतीय मार्ग भुवाली के पहले का है और उसुकी में एलौरा का कैलास मंदिर दिखलाई देता है! चालीस बरस बाद भी स्वप्न में अवधी छोड़ खड़ी बोली तक मेरे मुँह से नहीं निकलती – न जाने क्यों! शायद यही होता होगा 'देश', जो मेरी हर साँस में घुल गया है – "जो साँस साँस में मिल जाए उसे भूलें तो क्यों कर हो!" कैसे भूल सकता हूँ मैं उसे! फिर अपनी जन्मभूमि, वह चाहे बंजर ही क्यों न हो, प्राणिमात्र को प्यारी होती है – **प्राणिनां हि निकृष्टाऽपि जन्मभूमिः परा प्रिया।**

अभी उस रोज़ एक जापानी पत्रिका में छपा हुआ नदी तट का

रंगीन फ़ोटो देखते ही मैं उसे पहचान गया, अरे! यह तो संगम है! क्योंकि ऐसी चमकती हुई रुपहली तथा साँवली रेत का तट वहाँ छोड़ संसार की किसी दूसरी नदी के किनारे होता ही नहीं! इस साँवले और गोरेपन के मेल से इस नदी को तत्काल चीन्ह लेने में बारह बरस बाद अपने साकेत लौटते हुए रामचंद्र से भी भूल न हुई,

क्वचित्प्रभालेपिभिरिंद्रनीलैर्मुक्तामयी यष्टिरिवानुविद्धा।
अन्यत्र माला सितपङ्कजानाम इंदीवरैरुत्खचितान्तरेव॥
रघुवंश १३-५४।

"सीते, देखो तो यमुना की साँवली लहरों के साथ गंगा की उजली लहरें, श्वेत और नील कमलों की माला-सी ..." फ़ोटो में दूसरी ओर दिखलाई दे रहा किनारा अरैल नहीं, झूँसी का है - पुराने समय का प्रतिष्ठानपुर। चंद्रगुप्त द्वितीय ने इसी झूँसी वाले कछार पर हुए युद्ध में छक्के छुड़ा दिए थे, शकों के, तीक्ष्ण मागधी तलवारों के बल! एक हज़ार साल बाद भी मागध अस्त्र की धाक जमी रही, पारस तक में! अनुपम तीक्ष्ण धार की तलवार को फ़ारसी में 'हिंदुवानी' (هندواني) कहते हैं ...

बड़ी दूर से चलकर यहाँ तक आती हैं, अब भी, ये यादे-वतन! ऊपर के-से प्रसंगों के बाद मेरा उनसे कहने का मन करता है, मैं लौटकर न आऊँगा, मेरी आँख मुँदने के दिन निकट आए। मेरे पास अब न आया करो!

मैं आपसे पूछता हूँ, मैं कहूँ, तो क्या वे मान जाएँगी??

*

Appendix

* FROM The World Bank report :

In 2002-2003, all-India per capita GDP was $480; the poorest seven states (accounting for 55 per cent of the population) had a per-capita GDP that was two-thirds the national average, while in the richest seven states (33 per cent of the population) per-capita GDP was nearly double that of the poorest seven states.

In the two largest and poorest northern Indian states (Bihar and Uttar Pradesh, 25 per cent of total population) per-capita GDP was less than half the national average and only a third of that the richest seven states. The four southern states, Andhra Pradesh, Karnataka, Kerala and Tamil Nadu (21 per cent of the total population), at an average, enjoyed more than twice the GDP per capita of the quarter of the population concentrated in the two poorest northern states. With average GDP growth rate of five per cent, the southern states are galloping ahead of the poorest but populous northern states with growth rate of only two per cent.

Consequently, the poverty gap between the poorest northern states and the better off southern states has doubled: there are 35 per cent poor in the north and 18 per cent in the south.

* 'One-fifth of total poor in India are in UP' Mamta Singh

[31 Oct, 2006 0223hrs ISTTIMES NEWS NETWORK]

LUCKNOW: The World Bank estimates that 70 per cent of the population in Uttar Pradesh is below poverty line while the state planning department places the figure at 28%, taking price index of 1999 as the base year. But if the estimates are calculated at current prices, then more than 40% of population is below poverty line.

In absolute terms, the total number of persons below poverty line in Uttar Pradesh remain at 48.8 million, according to the 'Monitoring Poverty in Uttar Pradesh - Second Poverty and Social Monitoring Survey' done by planning department, Government of UP and World Bank. This means that one-fifth of the total poor in India are in Uttar Pradesh.

The World Bank's benchmark for calculating poverty is $1 per day income per person. This places 70% of the population of the state below poverty line. But the Planning Commission puts the figure at 28%, taking into account a family of five with an earning of Rs 19,700 per annum in rural areas and Rs 24,000 in urban areas at the price index of 1999. However, if the estimates are calculated at current prices then more than 40% of population will be below poverty line, said sources in Uttar Pradesh planning department.

The current endeavours by government can uplift only 1% of people from below poverty line and accordingly, it will take 28 years to overcome poverty, sources said.

Uttar Pradesh is among those states that has not taken full advantage of liberalisation. "Stagnant or slow growth in the state along with high rate of population growth, coupled with low literacy and low employment opportunities are the reasons for poverty. Infrastructural bottle-necks like power, transport, lack of fresh investments be it domestic or foreign and poor governance also add to poverty," said JV Vaishampayan, professor, department of applied economics, faculty of commerce of LU.

"Overtime, UP's relative population below poverty line has increased. The share of UP in total poverty was 16.67% in 1973-74. This proportion has increased to 20.36% in 1999-2000. There is a link between rate of growth and poverty.

The state's economy is growing at 3-4% against the targeted growth of 8%, which shows that poverty sceanario will worsen in future," said Yashvir Tyagi.

*

वाक्‌पटु और 'कुचिबेता'

मितं च सारं च वचो हि वाग्मिता

(थोड़े में सार कहना वाग्मिता है)

जापानी भाषा का एक शब्द है, 口下手 'कुचिबेता'। इन तीन अक्षरों का सीधा प्रतिशब्द रखें तो हिंदी के पद होंगे, 'मुख' 'अधो' 'हस्त' या मुँह फूहड़, अर्थात् बोलने में फूहड़। "बातचीत में अकुशल; बोलने में अपटु।" 'वाक्‌पटु' का विलोम। विचार करने पर भी 'वाक्‌पटु' का संस्कृत-हिंदी विलोम ध्यान में नहीं आता! हाँ, फ़ारसी में ऐसे व्यक्ति के लिए एक शब्द है, 'बे दहन' بی دهن Unable to speak; a poor orator. 'दहन' चेहरा, अर्थात् बिना चेहरे का मनुष्य! 'वाक्‌पटु' को अँग्रेज़ी में eloquent कहते हैं - रॉजेट के थीज़ेरस में इस शब्द का विलोम खोजने पर हकलाहट या वैसे ही रोग के विकार सामने आते हैं! हाँ, विंस्टन चर्चिल ने प्रधान मंत्री रैम्ज़े मैक्डोनल्ड के लिए जो कहा था, 'कुचिबेता' की उससे अच्छी व्याख्या मेरे देखने में और कहीं न आई "We know that he has, more than any other man, the gift of *compressing the largest amount of words into the smallest amount of thought.*"

जापानी अपने को 'कुचिबेता' कहते हैं! उनके ऐसा कहने के पीछे एक तो जापानियों का अकिंचनता प्रगट करने का स्वभाव है - मेरी पड़ोसिन प्रायः अपनी ओर से कहती हैं, "मैं तो मूर्खा हूँ!" मुझे याद है, दसियों वर्ष पहले की बात है, जापानी प्रधान मंत्री फ़ुकुदा (आयाराम गयाराम कई जापानी प्रधान मंत्रियों में से हालवाले फ़ुकुदा के पिताश्री) के तत्कालीन अमरीकी राष्ट्रपति को फ़ोन करने का

समाचार टी वी पर दिखाया गया था। फ़ोन का रिसीवर एक कान पर चिपकाए हुए श्री फुकुदा कहते हैं, "My english is very poor -" इसके आगे वह जापानी बोलने लगते हैं। इसमें और स्वयं अपने को मूर्खा या बदसूरत कहने के पीछे वही मनोविज्ञान काम कर रहा होता है जो, उदाहरण के लिए, विश्व चैंपियन मुक्केबाज़ मुहम्मद अली के विरुद्ध अखाड़े में घुसकर स्वयं चित लेट जाने वाले प्रतिद्वंद्वी का है!

मुझे लगता है, 'कुचिबेता' के मूल में भी जापानी मनोविज्ञान ही है। इस प्रसंग पर इधर-उधर टटोलते हुए यह वाक्य मेरे हाथ लगा – わたしは口不調法で思ったことも十分言えません。。。[18] ('वाताशिवा कुचिबुचोउहोउ दे ओमोत्ता कोतो मो ज्यूबुन इएमासेन') अर्थात् 'मैं ऐसा कुचिबेता हूँ कि मन में विचारी हुई बात भी मैं ठीक से कह नहीं पाता।'

इस उद्धरण में कुचिबेता का प्रतिशब्द आया है, 不調法 (बुचोहो) इसके पदों की व्याख्या होगी, 'अनाड़ी, अकुशल, फूहड़, बेशऊर' a clumsy fellow, bungler. आदि। लेकिन मेरा प्रयोजन जापानी भाषा की बारीकियों में न जाकर इस उद्धृत वाक्य में छिपे भाव पर विचार करना है। 'मन में विचारी हुई बात' पर मैं रुक जाता हूँ! या कि 'मन में विचार'!

कैसे करते हैं हम, मन में विचार! – लिखते हुए अभी-अभी दूसरी ओर मेरा ध्यान गया 'कै बज गएँ' तो मैं इस कंप्यूटर के टास्कबार पर कार्सल ले गया - देखा, "दस बजै में दुइ मिनट - अरे, ऊ देखौ, दस क टनाका दै रही है घड़ी!"

---

18 Kenkyusha's New Japanese-English Dictionary. 1988

सच बात तो यह है कि देर होने की चिंता हुई मुझे और न मैंने घड़ी देखी, बल्कि ऊपर लिखी शब्दावली मैं (मुँहबंद!) स्वयं से बोला – अपनी मातृभाषा अवधी में, न कि खड़ी बोली हिंदी में, जो मेरे कामकाज की तीन-चार भाषाओं में प्रमुख है।

इससे पता चला कि मनुष्य को सोचने-विचारने के लिए भी मातृभाषा का सहारा लेना पड़ता है – सहारा क्या, आत्मालाप किए बिना, बात चाहे एकदम सरल हो या कि गूढ़ गुत्थी, सोचा ही नहीं जा सकता! इसी बात को किसी ने बड़े सुंदर रूप में यों कहा है, "If you want to talk to some one, keep quiet."

ऊपर उद्धृत जापानी वाक्य के वक्ता ने भी (विषय चाहे जो भी रहा हो!) मन में "सोचा न होगा", बल्कि स्वयं से अपनी मातृभाषा जापानी में एकालाप किया होगा! इस पर मेरा सरल सा प्रश्न है कि वही मुँहवंद एकालाप वह अब प्रगट में दुहरा क्यों नहीं पाते! शब्दश: दुहराना ही तो है! हाँ, उम्र में वह बहुत ही बृढ़े हो गए हों और ऊपर से स्मृति भ्रंश के शिकार भी हों तो यह माना जाएगा कि अभी थोड़ी ही देर पहले की बात अव उनके दिमाग से उतर गई!

तो क्या रहस्यमय कुंजी उनकी भाषा में है? अर्थात् जापानी भाषा में? हर एक भाषा की अपनी विशेष प्रकृति होती है। जापानी भाषा की भी है। जापान में मैं परदेशी हूँ – मेरे लिए उससे सौ गुनी पराई है, जापानी भाषा! जापानी में कामचलाऊ से अधिक गति होने पर भी!

जापानी भाषा की कुछ विशेषताएँ मेरे ध्यान में आती हैं। ये मेरे निष्कर्ष से कहीं अधिक प्रश्न या जिज्ञासाएँ हैं।

जापानी भाषा में बहुतायत से प्रयुक्त होने वाले चीनी अक्षरों में से थोड़े-बहुत मैं पहचान लेता हूँ – एक वजह तो यह कि उनमें से अनेक चित्राक्षर हैं। इस लिए 口不調法 (कुचिबुचोहो) को **देखकर** उनका अर्थ मैं जान गया था! 'मुँह' 'नहीं' 'वचन–'? – इसके आगे वाले चौथे अक्षर में मेरी गति नहीं।

मैं तो विदेशी हूँ, पर शिक्षित जापानी भी, लिखित रूप में जापानी भाषा को पढ़ने से अधिक देख कर अर्थ पहचान लेते हैं। इस बात का प्रमाण सामने आ जाएगा यदि एक प्रयोग के रूप में किसी साक्षर जापानी को चीनी भाषा में छपा हुआ परचा पढ़ाएँ – इसमें सारे अक्षर कांजी होने से वह उनका अशुद्ध उच्चारण करते हुए भी पर्चे में निहित भाव का ५० फ़ी सदी हिस्सा ज़रूर समझ जाएगा। इसके विपरीत जापानी भाषा का परचा किसी चीनी को पढ़ाएँ तो वह अधिक से अधिक एक तिहाई हिस्से का अर्थ जान पाएगा – चीनी के कांजी अक्षर जापानी में होने पर भी सिर्फ़ एक तिहाई इस लिए कि जापानी भाषा में कांजी के आगे जापानी वर्णमालाओं के 'काना' प्रत्यय भी जुड़े होते हैं, इससे चीनी भाषी के लिए वह जापानी उतनी ही अजूबा होगी जितनी कि हिंदी भाषी के लिए ये गढ़े हुए शब्द – जाing (जाना) looज़ें (loose) 笑ना (हँसना)!

अर्थात् जापानी भाषी, पूरा पूरा नहीं बल्कि अधिकांश में देखकर अर्थ तक पहुँच जाता है! यदि जापानी भाषा लिखित रूप में न होकर उच्चरित रूप में सुनी जाए तो भी जापानी श्रोता एक ही कांजी अक्षर के बीसियों अक्षरों में से, संदर्भ को ध्यान में रखते हुए, उपयुक्त कांजी की कल्पना कर लेगा। यहाँ भी वह उस एक कांजी को कल्पना में

देखकर अर्थ निष्पत्ति कर रहा है!

इसके विपरीत वर्णमालाओं पर आधारित हिंदी, अँग्रेज़ी, रूसी आदि भाषाओं में शब्द और उस शब्द के अर्थ तक पहुँचने की प्रक्रिया पर ध्यान दें। मैं हिंदी संस्कृत भाषाओं के विषय में जो थोड़ा-बहुत जानता हूँ, उसके आधार पर आगे की कुछ बाते लिख रहा हूँ।

शब्द क्या है, और हमें उसके अर्थ का ज्ञान कैसे होता है, भारतीयों को बड़े पुराने समय से इसकी जिज्ञासा रही है। पतंजलि (ईसा पूर्व १५०) के **व्याकरण महाभाष्य** का प्रथम वाक्य है, "कः शब्दः" - शब्द क्या है? शब्द वह है जो अमुक-अमुक गुणोंवाली वस्तु का ज्ञान कराता है।

इसी प्रकार उस शब्द के अर्थ का ज्ञान हमें कैसे होता है? इसकी व्याख्या करने वाला स्फोट सिद्धांत ('स्फुट्यर्थोऽस्मादिति' **व्याकरण महाभाष्य** पृ० ४।) अति संक्षेप में यह है। शब्द की वर्ण ध्वनि उच्चरित होते ही नष्ट हो जाने से वह शब्द का अनित्य तथा विकृत रूप है। उस शब्द का सूक्ष्म प्रतिरूप भी संस्कार के रूप में मन में विद्यमान होता है और यह नित्य तथा अविभाज्य है। शब्द की अंतिम ध्वनि के उच्चरित होकर नष्ट हो जाने के बाद स्फोट होता है। स्फोट में विभिन्न वर्णों की स्वतंत्र सत्ता न होकर सब का पुंजीभूत भाव होता है, इसका स्फोट अर्थ का ज्ञान कराता है।

हिंदी भाषी लिखे हुए शब्द का एक-एक अक्षर और मात्रा देखकर पहचानता और उन्हें अगले अक्षर-मात्रा से जोड़ता हुआ शब्द की अंतिम ध्वनि का (मुँहबंद) उच्चारण करता है, उसी क्षण उस शब्द का अर्थ फूटता है - वह शब्द 'पान' और 'पानी' जैसा सरल शब्द

हो या कि 'प्रत्युत्पन्नमतित्व' जैसे जटिल पद क्या, संस्कृत के लंबे सामासिक शब्द तक! [19] लिखित शब्द ही नहीं, उच्चरित शब्द सुनते हुए भी अक्षरों में पहचानने की लिखित शब्द को पढ़ते समय वाली वही प्रक्रिया काम करती है।

सरसरी तौर पर अभी ध्यान दें तो स्पष्ट होगा कि भारतीय, चीनी या अमरीकी की तुलना में जापान वासी मानसिक रूप से अधिक सामाजिक प्राणी होते हैं। मनोवैज्ञानिक रूप में हर एक जापानी के अगल-बगल दो जापानी होंगे 人間 (अर्थात् 'मानव' 'मध्य') जापानी के लिए यह 'मनुष्य' है। दो मनुष्यों के बीच संदर्भित होना जापानी का स्वभाव है। घर, पड़ोस, कार्यस्थल, बाज़ार – हर कहीं वह दूसरे मनुष्य की संभावित प्रतिक्रिया को ध्यान में रखते हुए व्यवहार करेगा। इसका चित्रण ऊपर के कांजी अक्षरों की सहायता से यों किया जा सकता है, 間人間人間人間人間人間人間人間人間人間 – घर में कम, बाहर तो प्रायः सदा ही एक जापानी का दूसरे जापानी के साथ आचरण अधिकतर पहले से निश्चित है – सेक्शन चीफ़ और क्लर्क, बॉस और सेक्शन चीफ़; ग्राम पंचायत का मुखिया और किसान, मुखिया और नगर प्रमुख, आदि। इनके बीच संवाद होने के अवसर भी बहुत कम, प्रश्नोत्तर की भाषा भी तयशुदा।

दूसरे से संदर्भ रहित होने की स्थिति 人 人 人 人 人 人 人 人 – जापानी के लिए बहुत ही कम होती है। ऐसी कुछ इनी गिनी स्थितियाँ हैं, शराब के नशे में होने पर, क्रोध से आपा खो बैठने पर, विदेश में आदि। यहाँ वह जापानी नंगा मनुष्य होता है

---

[19] स्फूर्जत्कण्ठनिनादभिन्नवसुधामार्गप्रविष्टद्विजप्रौढाशीर्वचनप्रहर्षितबलिर्व्यालोकि मायाहरिः ॥

अत: 'हानाशि जोज़ु' या वाक्पटु हो जाता है!

जापानी जितने ही अधिक सामाजिक अथवा समाज भीरु होते है, भारत के लोग उनके बिपरीत उतना ही आत्मकेंद्रित - इस में वे अमरीकियों के भी कान काटते हैं! [20] ये दो भारतीय हैं, 人 人 - ये दो नहीं, दस हों तो भी दोनों के स्वतंत्र और यदा-कदा परस्पर टकराने वाले व्यक्तित्वों में कोई अड़चन न पैदा होगी।

कभी ध्यान दें, अमरीका, फ्रांस और भारत की तुलना में जापान में जीवन कितना अधिक सुगम है - साथ-साथ कितना 'शब्द रहित'! ट्रेन, बस, बाज़ार सब जगह कितनी तो भीड़ है मगर न कहीं धक्का-मुक्की और न चीख़-चिल्लाहट, सब कितनी शांत! एक शब्द तक नहीं सुनाई देता! तोक्यों महानगर के फुटपाथों पर सुबह भोर पहर से लेकर आधी रात तक चलते रहिए, सारे दिन भर में टैक्सी, कार, बस, ट्रक किसी का हॉर्न एक बार भी न सुनाई देगा! सँकरी गली में आगे-आगे सुस्त चाल से चली जा रही बूढ़ी के पीछे-पीछे कार और टैक्सी को, बिना हॉर्न बजाए हुए, धैर्य पूर्वक मंद गति चलते हुए हर कहीं हर कभी देखा जा सकता है!

हांगकांग, बैंकाक, मनीला, रिओ द जनैरो मैं गया हूँ - वहाँ ऐसे स्थानों पर 'मनुष्य की बोली' का बेतरह शोर सुनाई देता है। भारत जाने पर पहला धक्का लगता है कि हर कहीं हर आदमी लगातार बोल रहा है! दिल्ली जैसा महानगर हो या चुनार जैसा छोटा शहर, जितनी गाड़ियों में हॉर्न लगे हैं, सारे हॉर्न प्राय: लगातार बजाए जा रहे हैं! मक़सद 'हटो, बचो' आगाह करना है ही नहीं, (क्योंकि इस

20 "The Indians are bastards anyway," Mr Kissinger replied. "They are the most aggressive goddamn people around."

चेतावनी पर कोई ध्यान ही नहीं देता!) बल्कि गाड़ी का चालक हॉर्न बजाकर कह रहा है, (दूसरे वाहन, मनुष्यों, गाय-भैंस, साइकिल सवार आदि से) कि "मैं भी हूँ!"

जापान में शोर करता हुआ शब्द नहीं सुनाई देता तो इसका अर्थ यह कदापि नहीं कि हर जापानी मौन है! कदापि नहीं। उदाहरण के लिए, तोक्यो की च्यू-ओ लाइन की लोकल ट्रेन में ठुँसकर खड़े या बैठे प्रौढ़ सब कि सब नितांत मौन यात्रियों के मस्तिष्क के अंदर जंबो जेट विमान के इंजन की गरज से तेज़ शोर हो रहा होगा! [21]

सच पूछें तो एकदम मौन है, चिल्ला-चिल्ला कर बोल रहे चीनी, थाई, ब्रासीली आदि का मन! सब से अधिक मौन है भारतीय, मुंबई की लोकल ट्रेन के यात्री! क्योंकि यदि वे पाँच हैं तो पाँचो एकट्ठा बोल रहे हैं मगर बोल रहा है सिर्फ़ उनका मुँह, मन उनका समाधि में लीन भगवान् बुद्ध के मौन से भी अधिक गहरे मौन में है!

हाल में तोक्यो के एक भीड़ भरे अकिहाबारा बाज़ार में कातो नामके एक नौजवान ने पहले तो अपने ट्रक से कई व्यक्तियों को कुचला, फिर नीचे उतरकर कइयों को छुरे घोंपे! कितने ही अनजान और बेगुनाह व्यक्ति मारे गए! इसके कई दिन पहले से वह इंटरनेट पर इसी बात की सूचना देता आ रहा था - मैं अकिहाबारा में जाकर हत्याएँ करने वाला हूँ! इस आशा से कि उसकी ओर किसी का ध्यान जाएगा! कातो

21 "तुमने जापानियों के हँसने की बात लिखी है। जैसे इटालियन हीरो, जर्मन गंभीर, वग़ैरह और अगर मनोविज्ञान के घुस आने का ख़तरा न होता तो जोड़ता कि मुझे बचपन से ही हर चीनी शातिर अपराधी लगता है, वैसे ही मुझे हर जापानी पागल मालूम देता है। मेरा मतलब है, देखने से। जापानी देवताओं के मुखौटे भी जो मैंने तसवीरों में देखे हैं, मुझे हँसते नज़र आए। कुछ रोते हुए भी ज़रूर होंगे, कुछ डरावने भी, मगर मुझे उन सबों को देखकर हँसी आती है।" - (प्रभात का पत्र) लाई हयात आए पृ० १३६।

के अचानक हमले करने का कारण यह नहीं कि कोई उनकी व्यथा सुनने वाला नहीं बल्कि सबब यह है कि उसे अपनी तकलीफ़ प्रगट करना आता ही नहीं! 感じたことも十分言えません 。。。 बाद में अपने बारे में उसने कहा, "समझ में नहीं आता, मैं क्यों ज़िंदा हूँ!" इस बेचारे के पास ठीक-ठिकाने की मातृभाषा तक नहीं! वह कहना चाहता था यह कि, "मैंने आत्महत्या नहीं की है अभी, इस लिए मैं ज़िंदा हूँ!" खुद पहले आत्महत्या न किए होने से उसने कई अनजान लोगों की हत्या कर डाली!

जापानी समाज का दुर्भाग्य है कि अपने दुख-दर्द का सही अनुभव और उसका विश्लेषण न कर सकने वाले कातो जैसे जापानियों - ख़ास तौर से युवकों - की संख्या भयंकर तेज़ी से बढ़ती जा रही है। इसका एक बड़ा कारण उनके मन में जमा हुआ घना 'शून्य' 陰 ('खागे') है! इस जापानी शब्द के अर्थ पर ध्यान दें - 'खागे' वह स्थान है, जहाँ कुछ भी दिखलाई नहीं देता! 陽 'योओ' प्रकाश का विलोम है 'खागे'!

क्या है प्रकाशमान अंतःकरण या मन? भारत में उस प्रकाश को अंतःकरण का बोल कहते हैं या आस्था-विश्वास। कि मेरे हृदय में बैठा हुआ कोई देवता है, वह मुझे चला-फिरा रहा है। (केनोपि देवेन हृदस्थितेन यथा नियुक्तोस्मि तथा करोमि।) ठीक ऐसी ही आस्था मैंने देखी है जापान में भी, पहाड़ी सोते पर बँधे काठ के पुल के किनारे चढ़ाए हुए फूल-फल और ओसाके की बोतल में। गाँव के जीर्ण मंदिर में बंद पड़ी सैकड़ों वर्ष पुरानी बुद्ध मूर्ति को गाँव में बच रहे इने-गिने बूढ़े-बूढ़ियों द्वारा कोमलता से झाड़-पोछकर फिर उसके आगे बैठकर

देर तक सिर नवाए रहने में! आवाँ में ठीक से न पक पाए बर्तन तोड़कर भी उनकी किरिचों को दोनों हाथ जोड़ने के बाद मिट्टी में दबाने में! ये सब के सब 'प्रकाश' हैं, 陽 हृदय उजाला करने वाले!

अंतःकरण से 'देवता' के अंतर्धान हो जाने, 'अंतरात्मा का बोल' बंद हो जाने भर से वहाँ 'राक्षस' घुसकर हाहाकार नहीं करने लगता। पेशेवर हत्यारे डाकू, मियाज़ाकि स्तोमु, असाहारा – सब के हृदयों में झाँककर देखने पर भी 'राक्षस' कहीं न नज़र आएगा! वहाँ जमा हुआ होगा 'शून्य', 陰 ('खागे') – सब-कुछ को निगलते जाने वाला! Black hole! अभेद्य!

जापानी भाषा मौन की भाषा है – इस तर्क की पूँछ पकड़कर घुमाएँ तो इसके बहुतेरे प्रमाण मिल जाएँगे, और सब मिसालों में बोलने वाले का अदबदा कर बोल बैठना है – अर्थात् जहाँ उसे चुप रहना चाहिए था, वहाँ बोल पड़ना! इसके दर्जनों उदाहरण मिल जाएँगे – "माइ इंग्लिश इज़ पुअर" से लेकर "जापानियों की आँत की बनावट भिन्न होती है" तक, "औरतें बच्चा बनाने की मशीन हैं" – ये सारे 'सुभाषित' अपढ़-गँवारों के नहीं, सरकारी केंद्रीय मंत्रियों के हैं! सब से ताज़ा मिसाल "हाँ, जापान के लोगों को विदेशी नापसंद हैं।" यह कहना है, पर्यटन मंत्री नाकायामा नोरियाकि का! – इस पर हुई प्रतिक्रिया इससे भी अधिक दिलचस्प! "अपनी वास्तविक मनोभावना (होत्रे) को इस प्रकार प्रगट करना, वह भी एक मंत्री का!" विरोध पक्ष के नेता हातोयामा का आक्षेप यह है। अर्थात् नाकायामा ने 'होत्रे' (अपनी सच्ची मनोभावना) को छिपाया क्यों नहीं! दूसरे महायुद्ध के दौरान जापानी सेना द्वारा कोरियाई ताइवानी औरतों के चकले

चलाने और नांकिंग हत्याकांड को मनगढ़ंत मानने वाला नाकायामा युद्ध पश्चात् की शिक्षा प्रणाली को जापानियों के चारित्रिक पतन का कारण बताता है। फ़ुकुदा पिता से लेकर नाकायामा तक यहाँ जापान में क्यों अब तक उत्पन्न होते आए हैं और भविष्य में भी यहीं, केवल जापान ही में, अनंत काल तक क्यों पैदा होते जाएँगे, इसका रहस्य भी 'शून्य' या 陰 ('खागे') नामक Black hole में है!

मैंने ऊपर 'कुचिबेता' का प्रतिशब्द 'फ़ूहड़' लिखा, मगर विचार करें तो पता चलेगा कि 'कुचिबेता' वह व्यक्ति है जिसे चुप रहना नहीं आता – だまっていられない!

*